図解 眠れなくなるほど面白い

経済とお金の話

経済評論家
神樹兵輔

日本文芸社

▽まえがき　世の中に満ちあふれる不都合な事象からの覚醒を！

お金は、「経済の血液」によくたとえられます。

人体を流れる血液と同じで、お金がうまく社会に流れていないと、あちこちに支障が生じるからです。

一方で世の中には、お金の流れを阻害する、さまざまな企みや陥穽《かんせい》が待ち受けています。

より多くのお金を独占したいとする人たちが、そこら中に跋扈《ばっこ》しているからです。

そうしたところに、足をすくわれると大変です。

あなたの大切なお金が奪われてしまうからです。

本書は、経済とお金に絡むさまざまな事象を、わかりやすく面白く紹介することで、あなたの大切なお金が奪われることなく、より多くの果実を手にして、楽しく愉快に人生を送っていただけるように――と考え編纂《へんさん》した本です。

今回取り上げたテーマは最近の経済事情をはじめ、いろいろですが、「うむ、そういうことだったのか」ときっと腑《ふ》に落ちていただけるよう、扱うテーマにも

工夫を凝らしています。

ゆえに、本書を手に取ってくださったあなたは、とてもラッキーなのです。

今まで当たり前と思っていたことが、そうではなかった――という発見や、世の中で常識とされてきた事柄にも、懐疑の目を向けていただける機会を得ることになると思うからです。

かつて高度成長期の日本では、「一億総中流」といわれた幸福な時代もありましたが、今や日本も成熟期を迎え、これからは衰退の足音が聞こえる時代です。

親の世代より、裕福になれない――といった厳しい経済環境に置かれていることに気づき、早く目を覚まさなければいけません。

そのためにこそ、本書にはあなただけでなく、家族も含めて幸せになっていただけるための豊富な知見が詰まっている――と信じているのです。

どうぞ、ご興味のあるところからお目通しくださり、「覚醒《かくせい》の快感」というものを深く味わっていただきたいと思います。

著者

眠れなくなるほど面白い 図解 経済とお金の話

もくじ

Contents

Contents

第1章

心理的に操られている「経済とお金の話」

①「本日限り全品30%OFF!」に吸い寄せられる理由

商売を行う上では、売上を大きくして、その分利益も拡大したいという欲望がはたらきます。

しかし、単純に商品単価を上げれば、客離れを起こし逆効果です。また、単価を下げて薄利多売を狙う手もありますが、規模の小さな商売では利益圧縮を招き潰《つぶ》れかねません。手間をかけずに客単価を上げるのに有効な手法は次の通りです。

★アップセル（購入商品額アップでメリット付加）
★クロスセル（関連品同時購入でメリット付加）
★限定セル（限定条件提示でメリット付加）
★中間価格誘導セル（松竹梅などで竹をアピール）

お客の単品注文をセット注文に誘導して割安を強調するアップセルや、関連品の同時購入を強調するクロスセル、「今だけ3割引き」などの限定セル、中庸《ちゅうよう》を選ぶ心理を刺激して、一番売りたい商品を「竹」に設定する松竹梅戦略などです。

とりわけこれらのセールス手法の中でも、即効性が高いといわれるのが「限定セル」になります。「今だけ半額！」「残りわずか！」「お客さんだけ特別3割引きにしますよ！」などとアピールされると、ついつい買う気もないのにその商品の前で足を止めてしまう効果が期待できるからです。

不要なモノまで買わせる衝動効果が高いのです。数量が少なくて希少性が高く、それが限定条件付きとなると、太古の時代にDNAに刷り込まれた「飢餓《きが》感」が刺激されてしまうのでしょうか。

この「限定セル」には、次のような心理効果も付随することが、よく知られています。

★「スノッブ効果」…希少性が高いほど欲しい。
★「ウェブレン効果」…価格が高いほど欲しい。
★「バンドワゴン効果」…皆が買うモノが欲しい。

衝動買いの癖がある人は気をつけましょう。

“限定セル”は効果テキメン！

客単価アップの4手法

アップセル
ハンバーガー1個ください！
お客様！
ビッグハンバーガーが20%オフでお得ですよ！
クロスセル
ハンバーガー1個ください！
お客様！
ご一緒にポテトもいかがですか？
限定セル
今だけ？
エッ？
本日限り全品30%オフですよ！残りわずか！
中間価格誘導セル
松が3千円竹が2千円梅が千円か
松は贅沢だし、梅はチープだから竹にしよう！

即効性が高いのは限定セル

背景に3つの心理効果！

- 「スノッブ効果」…限定性・希少性が魅力！
- 「ウェブレン効果」…顕示効果。価格が高いほど魅力！
- 「バンドワゴン効果」…人気があり多くの人が買っているモノほど魅力！

※目先の利益を追い損失を回避しようとする人間の性向（プロスペクト理論）もはたらいている。

経済とお金豆知識

購買心理の5段階仮説は、「AIDMAの法則」が有名です。「注意」→「関心」→「欲求」→「記憶」→「行動」の順に心が動き、購入に至るとされます。さらに細かく8段階に分けた仮説もあります。

②「BPM」は消費行動にどんな変化をもたらすのか？

「背景音（BGM）」や「環境音」は、人の身体面、生理面、心理面などに多大な影響を及ぼします。

これは各種研究によって明らかにされています。

音の大小、音色、音調、リズムやメロディー、ノイズの有無などによって、その影響度もさまざまですが、**とりわけ人の効率的行動にまで変容を及ぼす意味合いで重視されるのは、「BPM」といわれています。**

「BPM」とは、《Beats Per Minute》の略で、「1分ごとの拍数」を意味し、音楽用語でいえば「テンポ」のことになります。

たとえば、テンポの速い曲を聴きながら読書する場合は読書効率がよく、テンポの遅い曲を聴きながら読書する場合は読書効率が落ちるといった実験結果があります。

では、消費行動での変容はどうでしょうか。

スーパーやデパートなどでは、ゆったりしたテンポの遅い曲が流れることが多いのですが、これによって歩速も遅くなり、店内での滞留時間が増え、結果として買い物点数や買い物金額が増加するというデータがあります。

また、飲食店では、高級店ほどテンポの遅い曲を流し、ファストフードの店などはテンポの速い曲を流すことが多くなっています。これは、**テンポの速い曲で、「咀嚼数《そしゃくすう》」を増やし、早く食べ終わってもらい、客席の回転数を上げるためといわれます。**一方、パチンコ・スロット店では、アップテンポの勇ましい曲を流し、お客の高揚感を煽《あお》って、次々に球を投入させようとしています。

こうした背景音には、「マスキング効果」「イメージ誘導効果」「感情誘導効果」があるからに他ならないわけです。

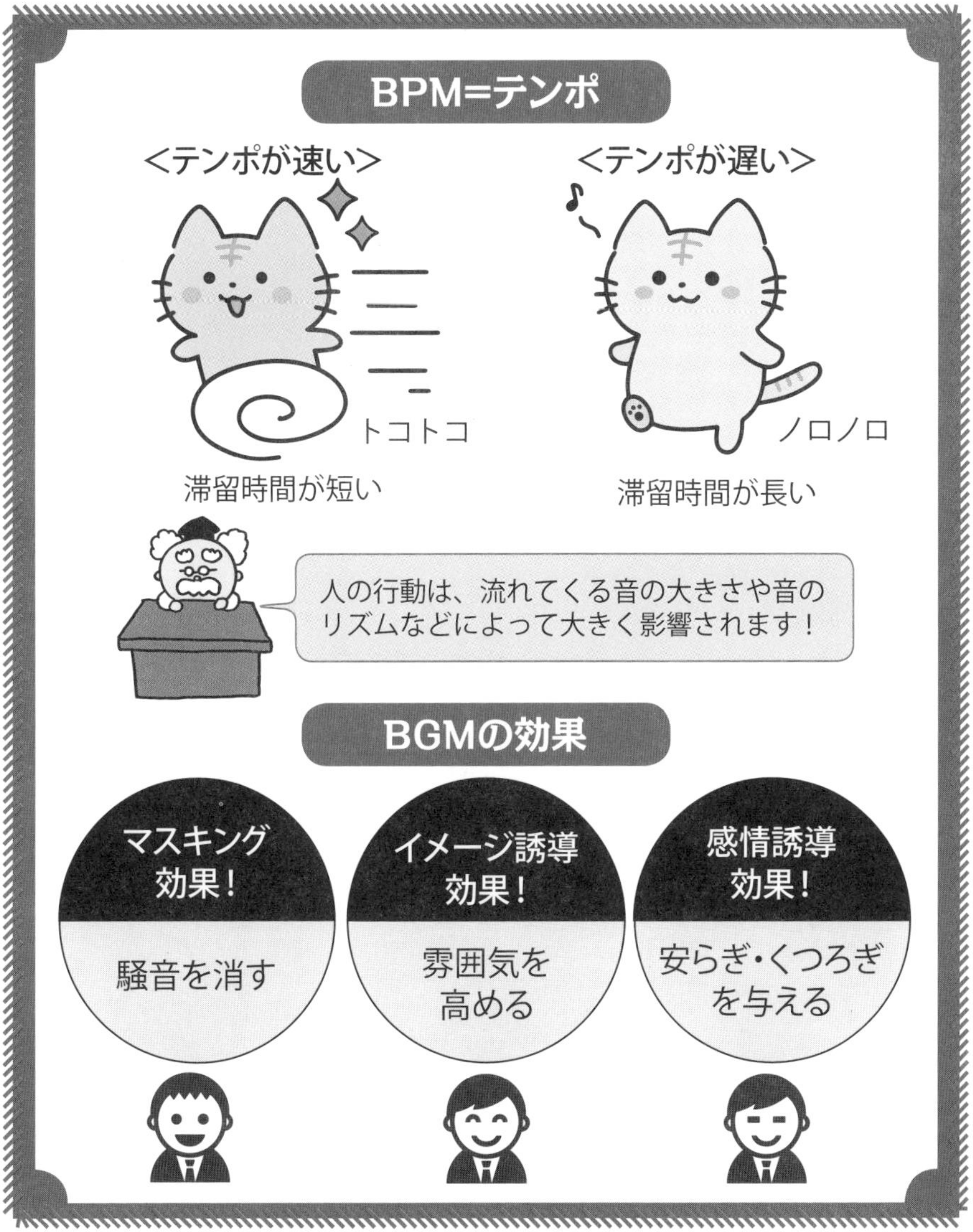
BPM=テンポ
<テンポが速い>
トコトコ
滞留時間が短い
<テンポが遅い>
ノロノロ
滞留時間が長い
人の行動は、流れてくる音の大きさや音のリズムなどによって大きく影響されます！
BGMの効果
マスキング効果！
騒音を消す
イメージ誘導効果！
雰囲気を高める
感情誘導効果！
安らぎ・くつろぎを与える

経済とお金豆知識

運動会や各種競技会で選手の士気を高めるため、さまざまなテンポで、元気なメロディーを奏でる音楽がたくさんあります。特にマーチなどは会場を盛り上げるには効果大です。

3 「色彩効果」は消費行動にどんな変化をもたらすのか？

前項で、「BPM」がもたらす消費行動の変化について解説しましたが、人の心理や行動に影響を及ぼすのは、「聴覚刺激」だけに限りません。「視覚刺激」によっても、人は大きな影響を受けます。次のような色彩効果はよく知られています。

★赤色…興奮・情熱　**★青色…鎮静・清潔**
★黄色…注意・注目　**★緑色…自然・安息**
★黒色…厳格・重厚　**★白色…純真・潔白**

こうした色を身近な空間に取り入れることで、私たちは無意識のうちにその効果を体感します。たとえば、赤色でエネルギッシュなパワーを表現したり、緑色で安心・安全をアピールする、白色で軽快感を醸《かも》すといった具合です。統一されたユニフォームに取り入れられたり、公園の設備や道具類に使われたり、体操服や運動靴などに用いられているのは、ごくごくお馴染みの光景なのです。

警察官やガードマンのユニフォームには、厳格さや威厳を感じさせる黒系統の色が使われていますし、医師や看護師には白色や青色の医療用ウェアが定番になっています。

もしも、これらの服装がバラバラの色であったならば、きっと私たちは相当な違和感を覚え、そうした職業への信頼感すら、ぐらつかせてしまうことでしょう。こうした定番の色彩効果は、すでに歴史的にも定着した表現であることが窺《うかが》えます。

色彩効果の面白さは、飲食店の空間カラーにも表れています。高級店ほど重厚感のある色彩空間ですし、リーズナブルなファストフード店などは、赤系や茶系、濃いクリーム系などの暖色系の色使いでの演出が多くなっています。暖色系カラーは、お客さんに、長く滞在している錯覚を覚えさせ、客席の回転率向上にも寄与するからなのです。

これが色彩効果！
赤色
興奮・情熱
青色
鎮静・清潔
黄色
注意・注目
緑色
自然・安息
黒色
厳格・重厚
白色
純真・潔白
多くの人たちは、日常生活の様々な場所で色彩によって行動をコントロールされているのです！
視覚への効果は高い！

経済とお金豆知識

「色彩効果」は、集団で着用のユニフォームなどに用いると、統一感が強調されます。集団としてのアピール感がより強まるからです。学校の制服や飲食店のユニフォームなどで実感できます。

④ 「行列」を見るとなぜ興味をそそられてしまうのか？

人は何らかの「行列」を見ると、俄然《がぜん》として興味をもちます。「何だろう?」と好奇心を刺激され、たちまち行列の理由を知りたくなるからです。

ラーメン店の前で、「行列」を見た場合は、「きっと、ここのラーメンはうまいに違いない」と勝手に想像し、並ぶのが嫌いな人でも「そのうち食べに行こう」などと決心を固めたりするものです。

行列のできているラーメン店のすぐそばに、お客さんがガラガラのラーメン店があると、「気の毒にこの店は早晩潰れるだろうな」と想像します。これは死活問題ゆえ、アルバイトを動員して並ばせる行列屋なる商売まであるゆえんなのです。

そのラーメンがオイシイかどうか、自分の好みに合っているかどうかは、食べてみないとわからないものです。しかし、**目の前の「行列」という現象を「重要な情報」と見立て、自分も同じ行動をとろうとするのは「同調伝達」と呼ばれる効果です。**株式市場で人気を呼んでいる銘柄に飛びつきたくなるのも、「同調伝達」によるもので、多数派と同じ行動をしたくなる人間の性《さが》が、投資の分野においても発揮されてしまうのです。

人は、「不確実な情報」しかない時には、自分の周到な分析や判断よりも、「多人数という情報」を判断のよりどころとする傾向が強いのです。

似たような心理効果には、「バンドワゴン効果」が有名です。**バンドワゴンとはパレードの先頭で音楽を奏でる楽隊車のことで「時流に乗る・多勢に与《くみ》する・勝ち馬に乗る」という意味があります。**

書籍の帯に「10万部突破!」とあれば、思わず買ってしまうとか、「当店の人気ベスト3」と表記された商品があると、ベスト3の中から商品を選んでしまう――などの心理効果のことなのです。

“同調伝達”とは？

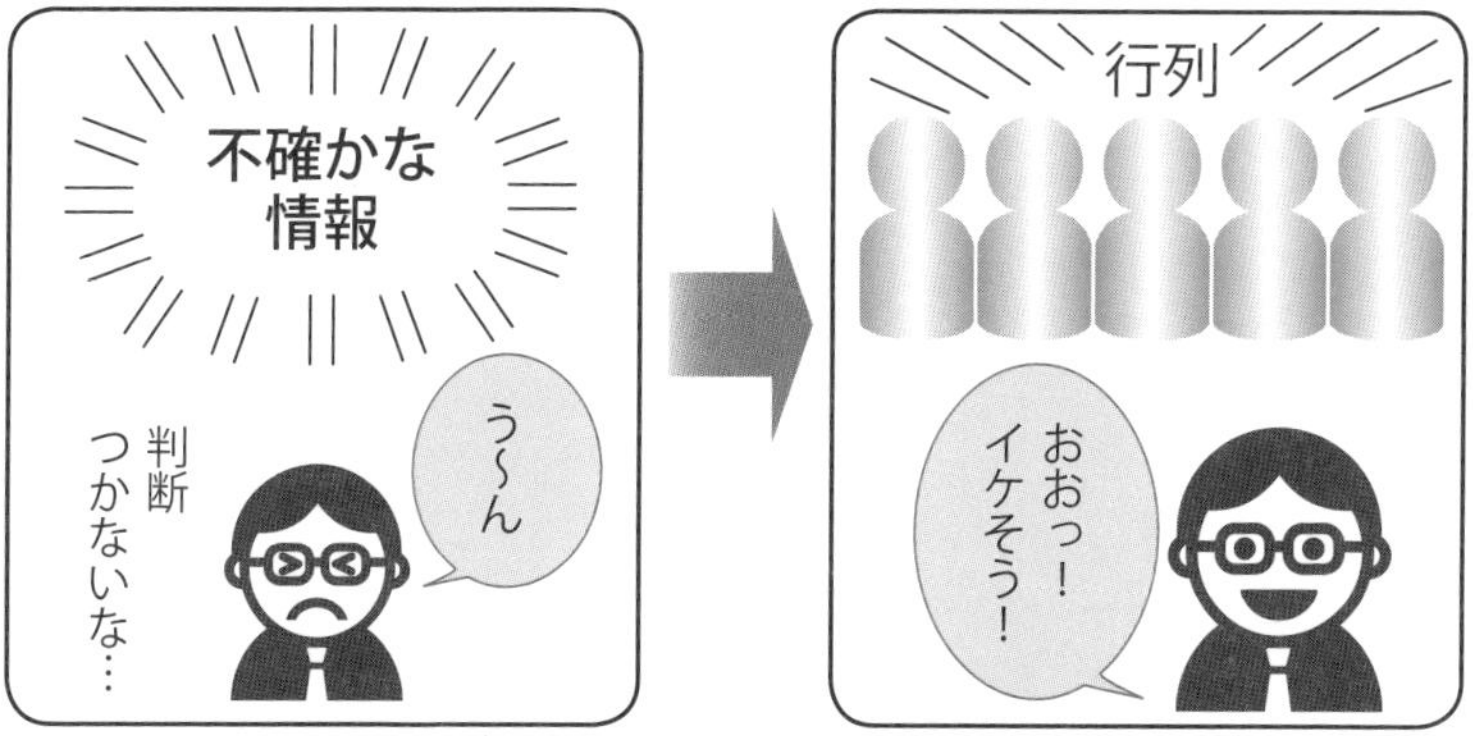
不確かな
情報
うーん
判断
つかないな…
行列
おおっ！
イケそう！

“バンドワゴン効果”とは？

《時流に乗る》《多勢に与する》《勝ち馬に乗る》

○×が
流行って
いる！
私も
やろう！
私も
賛成します
→多数派支持
将来社長に
なりそうな
部長についていこう

※“バンドワゴン効果”の反対に“アンダードッグ効果”（負け犬を支持）があります。

経済とお金豆知識

「同調伝達」で心を動かそうと、商品の宣伝では人気があることや、売れていることをことさら強調します。しかし、映画の宣伝で見かける「全米が泣いた！」などは、誇張しすぎに感じます。

5 9割もの世帯が「生命保険」に加入している理由

公益財団法人「生命保険文化センター」が3年毎に公表の「生命保険に関する全国実態調査（2018年度版）」によれば、生命保険加入世帯率は88・7％に及び、ほぼ9割の世帯が加入しています（世帯の年間払込保険料平均は38・2万円）。

加入目的を見ると、「医療費や入院費のため（57・1％）」、「万一の時の家族の生活保障のため（49・5％）」が圧倒的に多く、そのせいか、医療保険の加入率は88・5％にも及ぶのです（世帯の平均普通死亡保険金額は2255万円）。

日本人の「保険好き」が窺《うかが》えますが、日本の生命保険料が欧米の同内容の商品と比較して2、3倍も高いことは、スポンサータブーでマスメディアも報じません。また、保険は「相互扶助」と理解している人が多いのですが、公的な健康保険制度と異なり、営利を目的とする民間会社が提供する保険の場合は、「相互扶助」などと呼べる代物《しろもの》ではありません。

保険料は、万一の時の保障に充当される「純保険料」と保険会社のコストや利益に相当する「付加保険料」に分かれますが、日本の大手生保の「純保険料」相当部分は、「付加保険料」よりもはるかに少なく、3、4割程度しかありません。

つまり、毎月払う保険料の6、7割が店舗や人件費、広告費などのコストと利益に消えるのです。

ネット生保でも「純保険料」相当分は7割強にすぎず、同内容ではありませんが、「共済」の場合は「純保険料」相当部分は9割強にも及びます。

病気や怪我で高額医療費がかかっても、公的健保の「高額療養費」制度でカバーされるため、平均所得の人でもほぼ数万円程度の負担ですむことになります。医療保険など要《い》らないのです。

民間会社の保険　「相互扶助」とは呼べない

毎月支払う6〜7割はコストと利益で消える！

保険に入る理由

第1位

医療費や入院費のため
57.1%

第2位

万一のときの家族の生活保障のため
49.5%

健康保険組合の「高額療養費制度」を使えば、年収に応じてひと月の医療費は数万円程度に抑えることができます！

「不安」を煽《あお》る手口！

あなたは病気の手術で200万円請求されたら

どうします？払えますか？

経済とお金豆知識

今加入している保険を見直しましょう――などと相談を呼びかけるCMがありますが、保険は加入後最初の2年間が手数料も多く入ります。代理店は次々と新規加入させたほうがトクなのです。

⑥ 「貧困老後」に陥ってしまうには理由がある

一代で金持ちになるには、どうすればよいのか。

①金持ちの親から高額の遺産を受け継ぐ。
②金持ちと結婚する。
③外資系金融等の高給取り社員になり蓄財に励む。
④株式や不動産などに投資して蓄財に励む。
⑤起業して独立系ビジネスで成功する。
⑥スポーツや芸能・芸術といった特殊技能で稼ぐ。
⑦画期的発明で莫大な特許収入を得る。

どれも一筋縄ではいきそうにありません。働きながらなら、④の投資ぐらいかもしれません。

大卒サラリーマンの生涯収入の平均値は2億5千万円ぐらい、中央値で見ると2億円程度です。しかし、ここから税金や社会保障費を控除すれば、手取りは1億4～5千万円。さらに衣食住などを賄《まかな》うと、余剰分は限りなく少なく、投資用の資金さえ作るのは難しそうです。

大方の人は、定年で退職金を得て、それを老後資金とし、年金生活に入れれば、何とか貧乏でも平凡な生涯といえるのです。もっとも、非正規雇用だと退職金も年金も当てにできず、老後の頼みは生活保護受給だけで、貧困老後に陥るでしょう。

ロバート・キヨサキ氏著の『金持ち父さん 貧乏父さん』というベストセラー本に描かれた貧乏父さんは、高学歴エリートの給与所得者でした。

高学歴のエリートになるほど、組織内の厳しい競争に煽《あお》られ、ラットレースを強いられます。これでは投資に時間を割《さ》く余裕もてなくなります。

つまり、「学歴パラドクス」の最たる例なのです。「人と同じことをしていたら、人と同じにしかなれない」という箴言《しんげん》がありますが、これから高学歴社員で遮二無二《しゃにむに》組織で働く人は、貧困老後に陥りかねない「大きなリスク」に晒《さら》されています。

これが「学歴パラドクス」！

入試	就職	老後
猛勉強して絶対に一流大学に入るんだ！	一流企業に入ったぞ！ガンガン頑張って役員目指すぞ！	働きまくりの人生だったけど資産形成はできなかったな…

「投資」で重要なことは！

《投資成功の3要件》

長期！　**積み立て！**　**分散！**

一流大学に入学し、一流企業に入社し、一歩一歩出世することが、必ずしも幸せな老後生活につながるとは限りません！

経済とお金豆知識

自分の「労働収入」だけを頼りに人生を歩む人は、働けなくなった老後が心配です。「投資成功の3要件」をモットーに、時間をかけて、お金を生んでくれる資産形成に取り組むことが肝心です。

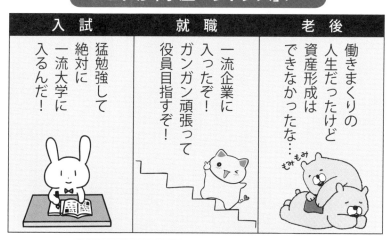

7 化粧品の「価格」と「効果」が比例しない理由

最近は老若男女に人気の化粧品ですが原価は激安です。これは業界のマル秘の常識です。

しかし、化粧品は安ければ売上が伸びるかといえば、そう単純な話ではないのです。

化粧品は医薬品と異なり、「効能効果」を謳《うた》うことが禁じられています。しかし、高額な化粧品ほど、効果も高いと信じられるのですから、不思議な商品といえるのです。たとえば、スキンケア用の基礎化粧品の中身は大半がただの水と油です。

水と油を混ぜ合わせるための合成界面活性剤、色素、香料、防腐剤を加え、ヒアルロン酸などの特殊成分を入れても原価は数十円です。化粧水1～2円、乳液2～3円、クリーム50円以内です。メイクアップ化粧品ですら、口紅5～10円、ファンデーション15～20円程度なのです。それでいて、容器代や箱代のほうが数十円もするので中身よりもお洒落な外装パッケージにお金がかかります。高級感を醸《かも》し出す工夫が大事なのです。

それが数千円～数万円で売れるため、オイシイ市場として、新規参入の多い業界となっています。

化粧品業界はメーカーを名乗ってもファブレス化（工場をもたずに外部に製造委託）がすすみ、OEM（販売元ブランド名で製造）だらけです。

利益率がべらぼうで儲かりそうですが、垂れ流しの広告宣伝費や人件費など投入コストも莫大で、競争は激烈です。

すでに大手5社だけで、約2兆6千億円市場の8割ものシェアを占め、残り2割のシェアを中小・零細企業が奪い合います。

化粧品は、「美しくなりたい」という女性の願望を刺激し、「幻想」を掻き立てて売る商品に他ならず、摩訶不思議な世界が広がっているのです。

これが「共同幻想」だ！
・・・3万円もする高級クリームは美肌に効果があるのは間違いなし！
この商品には特殊な希少成分が入っているんだから……
アンチエイジングには効果の高いお肌のお手入れが欠かせないわ！
（騙されている人々）
これが本音！
莫大な費用をコマーシャルにかけています！
中身は激安なのでイメージで高級感を出します！
○○化粧品
化粧品メーカー
美しくなりたいという女性の願望をうまく手玉にとって「価格」と「効果」が比例しない世界が繰り広げられています！

経済とお金豆知識

しっとり効果の高いヒアルロン酸は、1CCが50円程度ですが、6ℓもの保水効果があります。0.1CCを化粧品に使っても5円です。悪徳美容整形では、1CCが5万円と称して肌注射しています。

8 なぜ歯医者さんはレントゲンを撮りたがるのか？

１９６０年代から80年代までの歯科医は儲かり「歯科医・産婦人科医・パチンコ屋」は脱税御三家と称されました。健康保険適用除外の診療技法が多く、虫歯に苦しむ子どもも多かったからです。

90年代からは、保険診療の幅も広がり、厚労省が歯科大を新設したり、定員を増やして歯科医を激増させました。２０１８年末では、医師数約33万人に対して歯科医師数が約11万人、全国の歯科診療所数は約7万近く、コンビニの約6万店より多くなり、**歯科医は過当競争で儲からなくなりました。**今や多額の借金を抱えて倒産したり、自殺する歯科医も珍しくないのです。歯科医院は設備や機材費にお金がかかり、親の後継でない新規開業は厳しいのです。歯科大6年間の学費の元を取るのも大変です。国立は約３５０万円ですが、私立は2千万円台もザラで、３千万円超えもあります。こうなると保険適用でない自由診療で稼ぎたくなるのも、むべなるかな――なのです。

そこで、**インプラントをすすめる歯科医も増えました。原価1本1～5万でも、35～50万円の施術料金となり非常に儲かるからです。**激安価格を宣伝して追加料金で儲ける悪徳歯科医も登場しています。また、歯列矯正やホワイトニングをすすめる審美歯科標榜の歯科医も増えました。歯をまとめて処置し、効率よく儲けられるからです。いずれも自由診療なので料金は歯科医次第です。

保険診療の場合でも、初診でやたらとレントゲンを撮りたがります。「親知らず」を発見すれば、歯周病や虫歯でなくても抜歯の提案ができます。

普通の抜歯だと、1本１３００～４７００円ですが、「親知らず」の埋伏歯《まいふくし》は1本1万５００円の報酬になるからです。歯科医師も大変なのです。

歯科業界の移り変わり
栄えある「脱税御三家」に輝きました！
○○歯科
予約が満杯で、現金がレジに入りきれない
結婚相手は歯科者さんがいいな～

次々と倒産！廃業！

借金をどうやったら返済できるんだ？

結婚するなら歯医者さんはＮＧかな…

時代の流れとともに歯科医院の数も増え続け、安定した報酬が期待できなくなってしまい廃業を決断した歯科医師も少なくありません！

経済とお金豆知識

医師の診療科目は数多くあります。しかし、歯科医は「歯科」「小児歯科」「矯正歯科」「口腔外科」の４科目しかありません。総合病院でも歯科はあまり見かけないので独立開業が多くなります。

9 「コンビニくじ」のよくできたカラクリとは？

多くのコンビニでは年に数回程度、税込購入額700円毎にくじが1回引けるという、お得な「くじ引きキャンペーン」が開催されています。つまり、3千円分購入だと4回くじが引けるわけです。

この「コンビニくじ」ですが、3、4回も引けば、高い確率で100円以上の商品引換券が当たり、その場で商品と交換できるため、かなりお得と好評です。それゆえ、この「コンビニくじ」のキャンペーン期間中を狙って、高額のまとめ買いをするお客さんも少なくないそうです。

税込700円毎の商品購入で、高い確率で缶コーヒーやアイス、お菓子などがゲットできるのはラッキーです。また、たとえハズレでも、キャンペーン賞品獲得のための応募券だったり、何枚か集めれば特定商品がもらえるなど、**お客さんにとってはまったく損のない仕組みになっているからです。**

ところで、**この当たり商品代を負担しているのはコンビニ側でなく、メーカー側です。**ゆえにコンビニ側の懐《ふところ》は一向に痛みません。コンビニの客単価（売上を客数で除したお客の平均購入単価）は、コロナ禍に陥る前も以降も600円台で、これを少しでもアップさせようと生まれたのが、この「コンビニくじ」だったのです。そのため、「くじ」が引けるのは税込700円以上となりました。

コンビニの商品アイテム数は常時約2500で、年間5000アイテムの商品が入れ替わるといわれます。ゆえに限られたコンビニの陳列棚を確保するのは至難の業なのです。メーカー側はくじの当たり商品さえコンビニ側に無償提供すれば、当該商品を棚に置いてもらえるメリットが生じます。

そのため、**お客さん側にも、コンビニ側にも、メーカー側にもウィンウィンの関係が築けるのです。**

コロナ禍でコンビニにも若干ダメージ

※JFA加盟店調べ　　＜コロナ渦後＞

― 2019年 ―
- 売上＝11兆1608億円
（前年比＋1.7％）
＜加盟店約5万6000店舗＞
- 客数＝174億5871万人
（前年比－0.3％）
- 客単価＝639円
（前年比＋2％）

― 2020年 ―
- 売上減！＝－4.5％
- 客数減！＝－10.2％
- 客単価増！＝670円
（＋6.4％）

※外出自粛の巣ごもり消費でこうなった！

客単価アップ作戦＝コンビニくじ！

（年間数回のキャンペーン）

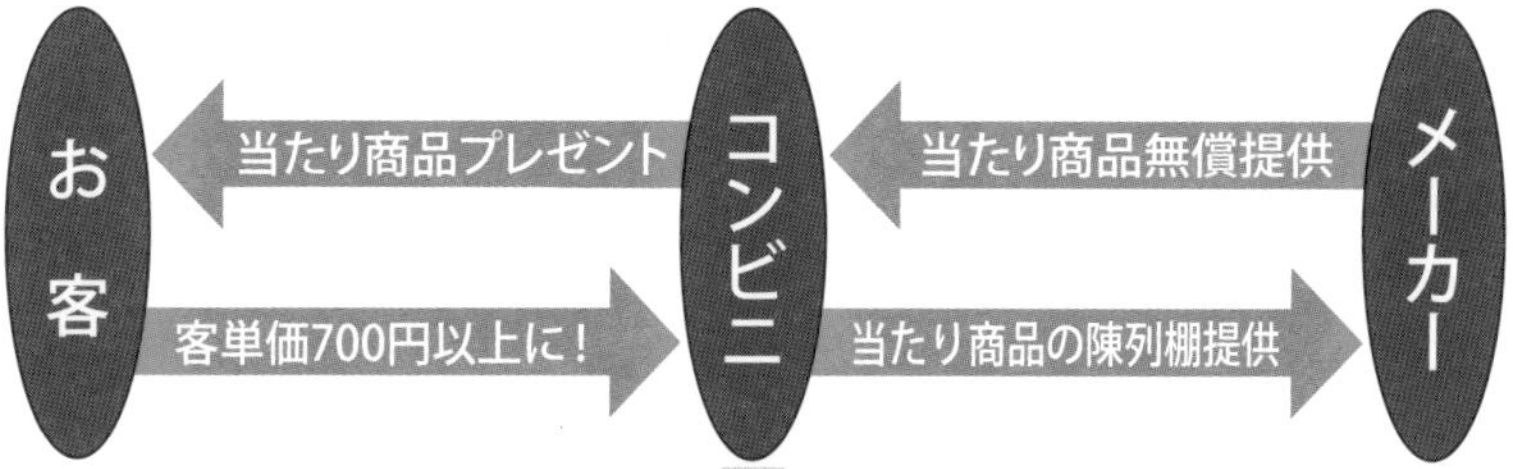
お客
コンビニ
メーカー
当たり商品プレゼント
当たり商品無償提供
客単価700円以上に！
当たり商品の陳列棚提供

WIN WINの関係に！

経済とお金豆知識

JFA（日本フランチャイズチェーン協会）加盟のコンビニ店舗数は、2021年6月時点で約5万6000店です。店舗の売上構成では、食品類が約63％を占めます（日配食品が約36％、加工食品が約27％）。

会社員と自営業者では社会保険料負担で大きな差が出る！

会社員と自営業者では、社会保険料に大きな差があり、将来の給付にも大きな違いがあります。42歳で扶養家族が妻と子供二人の場合で、比較してみましょう。年収500万円の会社員は、世帯主として健康保険料が年間28万円程度、厚生年金保険料が年間45万円程度です。どちらも、会社側が残りの半分を負担してくれているので、合計しても年額で73万円程度ですみます。それでも、所得税が14万円程度、住民税が24万円程度で合計年税額38万円程度なので、社会保険料の73万円程度というのは税金よりもはるかに大きな金額です。

一方、自営業者の場合はどうでしょうか。住んでいる地域の自治体によって、かなりの差がありますが、世帯主の健康保険料の年額は72万円程度にまで跳ね上がります（所得が350万円以上でほぼ各自治体の最高負担額になる）。そして年金は、厚生年金ではなく〝一階建て〟の国民年金になります。

夫が会社員の場合の専業主婦の奥さんは、国民年金との二階建てになる厚生年金において第三号被保険者なので、年金保険料の負担はありませんでした。

しかし、自営業者の場合は、夫婦それぞれが国民年金保険料を払わなければ

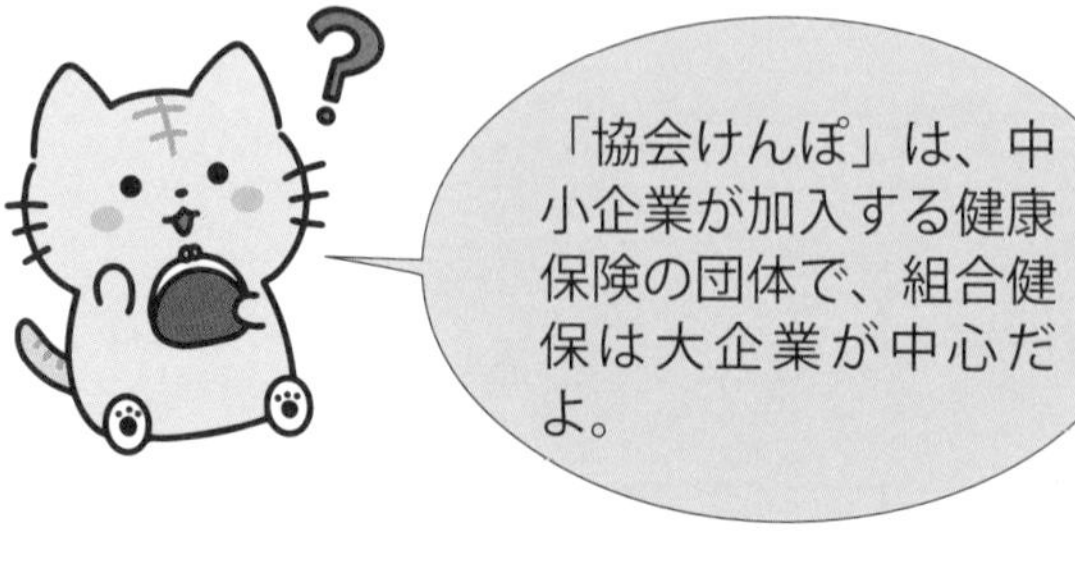
「協会けんぽ」は、中小企業が加入する健康保険の団体で、組合健保は大企業が中心だよ。

ならなくなり、国民年金の負担は夫と妻の二人分で年額40万円程度になり、社会保険料の合計は112万円程度にまでなります。一見しただけで、自営業者の健康保険料が高く、将来の給付額も少ないわりに国民年金（一人当たり将来満額でも6万5千円の支給額）の負担額もバカにならないことがわかります。

　しかし、自営業者には、社会保険料負担を劇的に安くする裏ワザがあります。

　自分で法人（株式・合同・NPO）を設立し、協会けんぽに加入するのです。

　給与を最低報酬ランクの5万円（等級1）に設定すれば、健保と厚生年金の社会保険料（個人と法人分合計）を、年額27万円程度にまで圧縮することができるのです。

　経費を膨らませ、給与を下げて赤字法人にするのは、中小企業の常套手段だからでした（7割の法人が赤字決算にして法人税を免れている）。

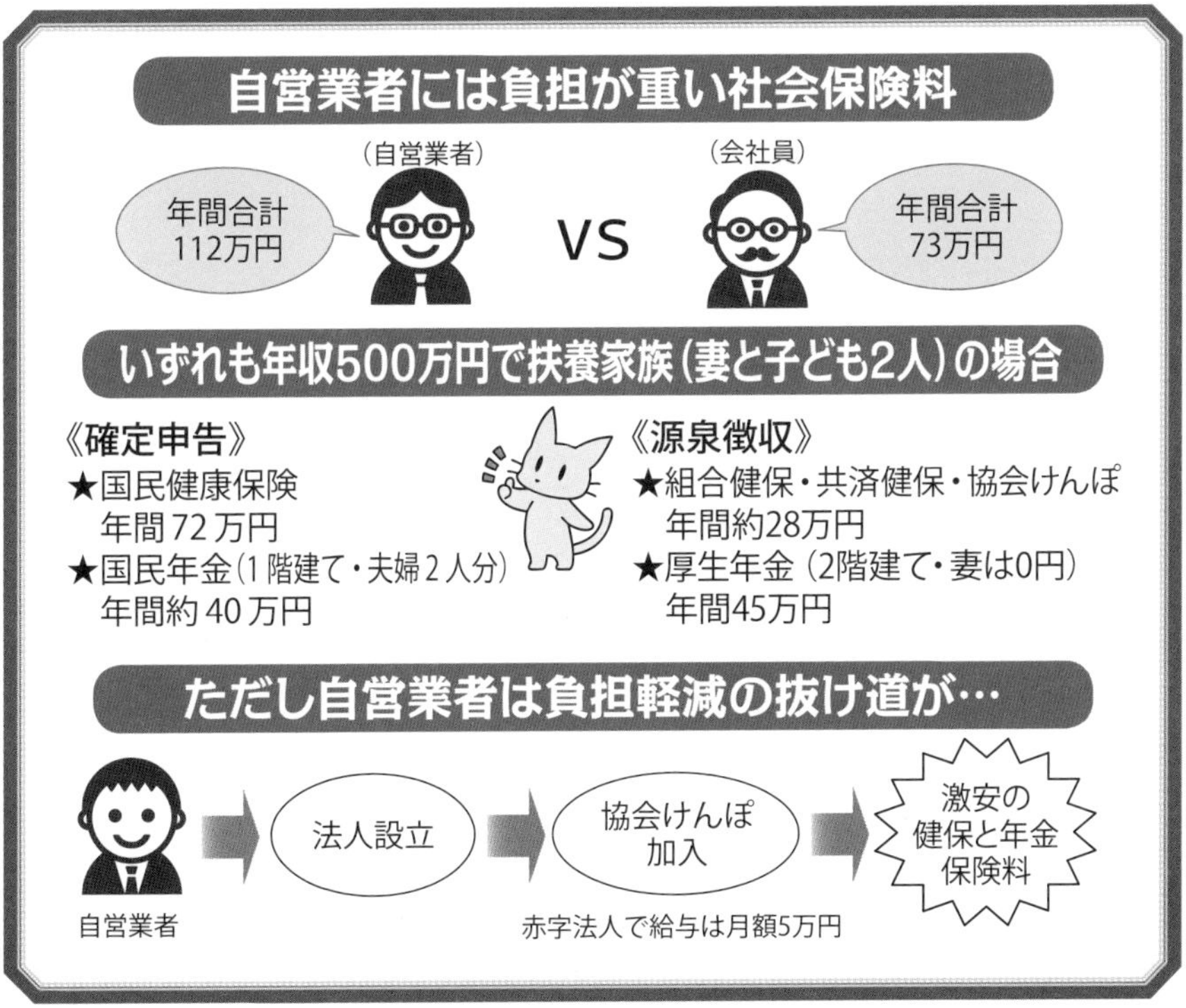

自営業者には負担が重い社会保険料
（自営業者）
年間合計
112万円
VS
（会社員）
年間合計
73万円
いずれも年収500万円で扶養家族（妻と子ども2人）の場合
《確定申告》
★国民健康保険
年間72万円
★国民年金（1階建て・夫婦2人分）
年間約40万円
《源泉徴収》
★組合健保・共済健保・協会けんぽ
年間約28万円
★厚生年金（2階建て・妻は0円）
年間45万円
ただし自営業者は負担軽減の抜け道が…
自営業者
法人設立
協会けんぽ
加入
激安の
健保と年金
保険料
赤字法人で給与は月額5万円

Column ①

日本の食料自給率が低い——という大嘘！

農林水産省は、日本の食料自給率が38％と低く、62％も輸入に頼る構造は食糧安全保障上の懸念があるなどと喧伝《けんでん》してきました。しかし、これは「カロリーベース」という日本が独自に作ったモノサシでの話で、世界標準の「生産額ベース」で見ると食料自給率は66％にもなり、先進国では見劣りしない水準です。なぜ、これまで「カロリーベース」などという奇妙な指標を公表してきたのでしょうか。農林水産省の省益優先・利権確保の極みで、わざわざ低いデータで日本の食糧危機を煽り、予算獲得に利用してきたのでした。国産での品目別自給率が79％にものぼる「野菜」などは、カロリーが極端に低く、輸入品目の小麦や油脂類、穀物飼料などのカロリーが高い品目と並べれば、カロリーベースが低くなるのは当然でした。こんな欺瞞《ぎまん》がずっと続いていたのです（今ではカロリーベースと並列で公表）。2018年まで食料自給率を下げる方向での減反政策まで続けており、やってきたことは支離滅裂だったのです。

第2章

紙幣や硬貨にまつわる「経済とお金の話」

1 お金はどう生まれ、なぜ総量が増えていくのか？

貨幣（通貨）には「紙幣」と「硬貨」の2種類があり、前者は日本の中央銀行である日本銀行が発行し（日銀券）、後者は日本政府が発行します。「紙幣」は軽いので、持ち運びに便利ですが、わずか数年で、汚損・破損しやすく、一方「硬貨」は頑丈《がんじょう》ですが重いので、両者は補い合う関係です。

貨幣がない時代は物々交換が主で、交換したいモノが一致しないなどの不便を強いられ、米や塩、金属が代替《だいたい》するうちに、やがて金・銀・銅を中心に「硬貨」が生まれます。（683年「富本銭《ふほんせん》」）。硬貨が流通するのは12世紀以降鎌倉時代からです。

次いで紙幣が生まれるのは江戸時代からですが、幕藩体制での藩札を経て、明治維新後の統一通貨「円」を単位とする紙幣が登場します。この時紙幣が、ただの紙切れでないことの信用補完で、「金本位制」（同価値の金貨と交換できる）が導入され、やがて二度の世界大戦を経て、各国とも中銀による現在の「管理通貨制度」へと移行しました。ところで、2021年6月時点の貨幣の実際の発行残高は約121兆円です。しかし、**日銀が世の中に供給するお金の量は、同時点で648兆円です**（マネタリーベース＝「日銀券発行高」＋「貨幣流通高」＋「日銀当座預金残高」）。さらに金融機関から世の中に供給されるお金の総量（マネーストック）は、それぞれ金融商品の違いで、M1、M2、M3、広義流動性の4つに分かれ、広義流動性では約2000兆円にも及びます。

世の中のお金の総量が、紙幣の発行残高以上に膨らむのは、「信用創造」というお金特有の働きです。左図の通り、銀行が預金と貸出を繰り返すことでお金の総量は増えていくのです。

これが「信用創造」だ！

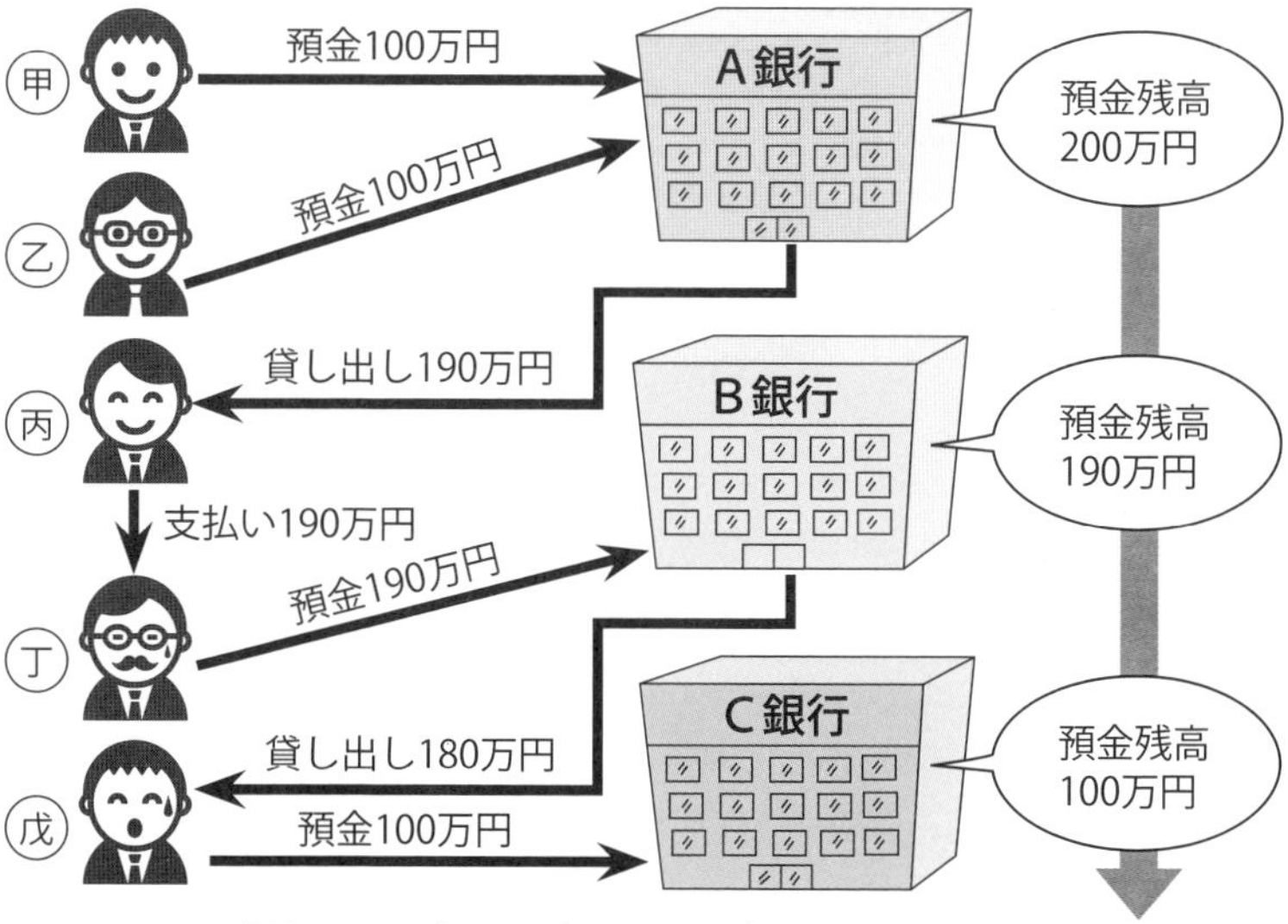
甲
乙
丙
丁
戊
預金100万円
預金100万円
貸し出し190万円
支払い190万円
預金190万円
貸し出し180万円
預金100万円
A銀行
B銀行
C銀行
預金残高
200万円
預金残高
190万円
預金残高
100万円
490万円

※A銀行への最初の預金200万円が490万円に増えた！

《マネーストック》

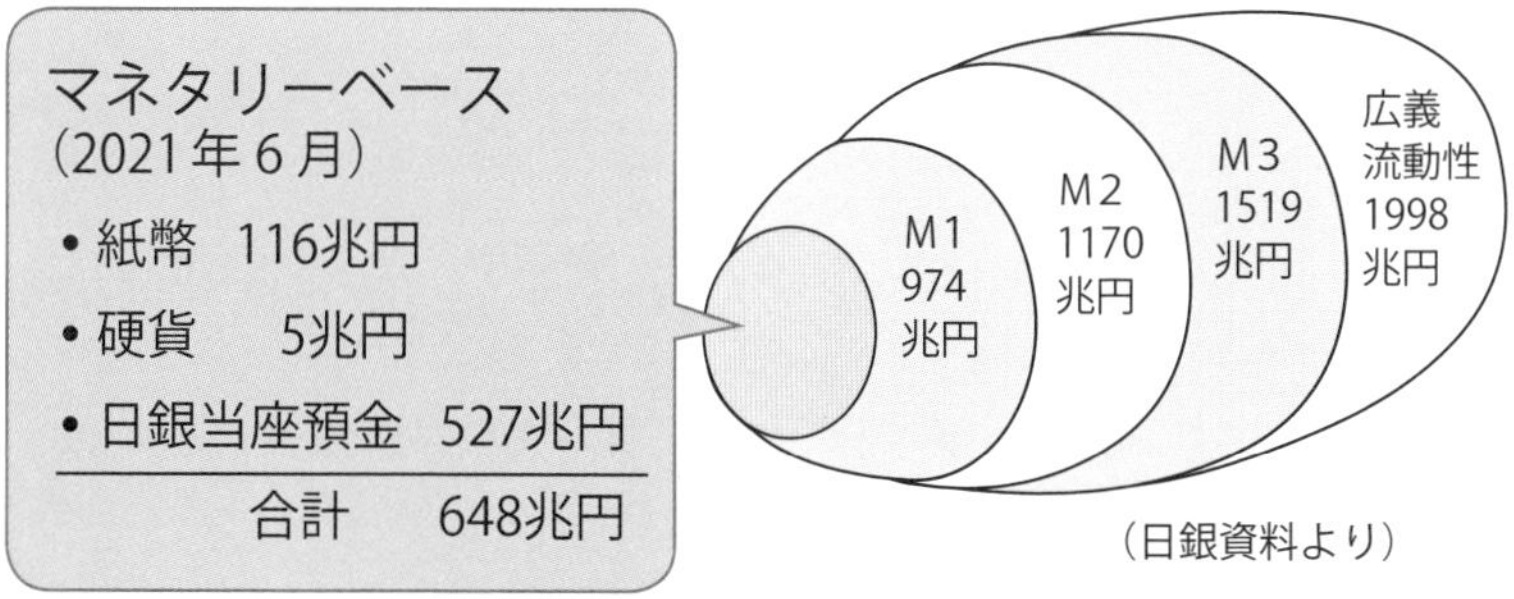
マネタリーベース
（2021年6月）
・紙幣 116兆円
・硬貨 5兆円
・日銀当座預金 527兆円
合計 648兆円
M1
974
兆円
M2
1170
兆円
M3
1519
兆円
広義
流動性
1998
兆円

（日銀資料より）

経済とお金豆知識

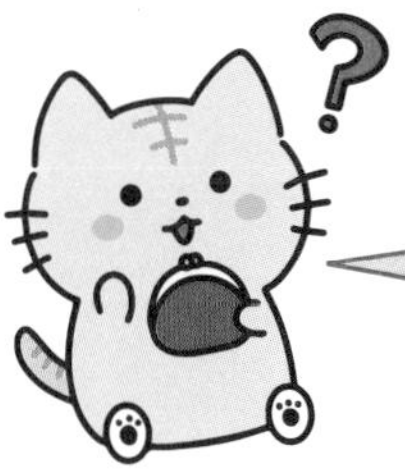

管理通貨制度は、金本位制や銀本位制に対しての用語で、通貨当局は基本的に金銀の保有量に関係なく通貨を発行できることを意味します。行政府の政策次第ゆえに金融政策は重要度を増します。

２ 「貨幣の原価」――貨幣は消えゆく運命か？

左頁の図にある通り、貨幣にも製造原価があります。驚いてしまうのは、1円玉、5円玉、10円玉硬貨の製造原価は、額面以上のコストがかかり、完全に赤字になっていることです。アルミニウムの輸入事情にもより、**1円玉の場合の製造原価は、1・7円から3円と幅があり、その精錬には膨大な電気代もかかります。**

日本では、消費税率をアップするたびに、通年と比べて1円玉を多く製造してきた背景があります。しかし、電子マネーの普及によって、1円玉の使用量はあまり伸びていないのも実情なのです。

日本では2024年に、千円札、5千円札、1万円札のデザインが一新されます。紙に印刷する紙幣も、偽造防止のための高度な印刷技術が導入されるため、そのコストもバカになりません。

一方で、今後は貨幣も不要になっていくため、紙幣のデザインも、これが最後のものになるのでは――ともささやかれます。どういうことかといえば、**電子マネーの普及によるキャッシュレス時代の到来がその鍵を握っているようです。**

それだけではありません。すでにユーロ圏では最も高額の500ユーロ紙幣が廃止されました（1ユーロ130円換算だと6万5千円）。

理由は、高額紙幣は日常生活の支払い手段に使われることがほとんどないにも関わらず、麻薬取引などの犯罪に使われることが多く、マネーロンダリング（資金洗浄）に重宝するからだそうです。次には200ユーロ（同換算で2万6千円）、1000香港ドル、米国の100ドル、日本の1万円札さえも廃止されるのでは――とも噂されています。たしかに現下のコロナ禍での衛生面も考慮すると、貨幣の終焉も近いかもしれません。

これが貨幣の製造原価！（推定）

1.7〜3円（アルミニウム100%）

7〜10円（銅70%＋亜鉛30%）

10〜13円（銅95%＋亜鉛3%＋すず2%）

13〜15円（銅75%＋ニッケル25%）

25円程度（銅75%＋ニッケル25%）

30円程度（銅70%＋亜鉛20%＋ニッケル10%）

16〜17円

20〜22円

23〜24円

紙幣の耐久性 → 3〜4年

硬貨の耐久性 → 20〜30年

電子マネー　データ化されたお金

＜支払い方法＞

プリペイド型	ポストペイ型	デビット型
前払い	後払い	即時払い

＜種　類＞

交通系	流通系	クレジットカード系	QRコード決済系
Suica PASMO 他	nanaco 楽天Edy 他	JCB 他	PayPay 他

※電子マネーはデジタル通貨の一種ですが、発行者が異なります。電子マネーの発行者は民間企業で、デジタル通貨の発行者は中央銀行です！

※デジタル通貨に分類されるとも言われている「仮想通貨（ビットコインなど）」は、暗号資産とも呼ばれ、法定通貨ではありません。

経済とお金豆知識

硬貨の周りにギザがあったり、穴が開いているのは、暗闇でも識別できるようにするためです。目が不自由な人も、大きさや手触りで硬貨の違いを判断します。財布の硬貨を見比べてみましょう。

3 お金はいつ頃この世の中に登場したのか？

硬貨や紙幣の歴史を辿《たど》ると、経済活動の大きな発展に寄与するものだったことがわかります。

さて、**世界最古の貨幣といわれるのは、中国の殷《いん》王朝時代の貝殻といわれています。**紀元前1千年以上前に「貝貨」として流通していたというのですから驚かされます。そのせいもあって、お金に関する漢字には「購」「買」「貯」「貨」「財」「賭」などと、貝の字が使われているほどなのです。

金属加工による硬貨らしきものが最初に登場するのは紀元前7世紀頃のギリシャで、それに次ぐのが紀元前4世紀頃の春秋時代の中国とされます。

中国では硬貨の真ん中に穴が開けられ、紐を通して持ち運べる穴銭のはじまりといえるものでした。

ところで日本では、金属加工の技術がなく、**最初の鋳造硬貨《ちゅうぞうこうか》は「和同開珎《わどうかいちん》」（708年）とされますが、最近の研究では683年の「富本銭《ふほんせん》」が最古とされたり、議論が続きます。**

もっとも、日本ではその後銅不足に陥り、958年の銅銭を最後に硬貨は造れず、米や塩、布などを交換する「物品貨幣」の時代に逆戻りします。

以降、豊臣秀吉の時代に貨幣造りが再開されるまでは、中国から輸入した硬貨を使うのがせいぜいでした。三代将軍・徳川家光は小判とは別に寛《かん》永通宝《えいつうほう》という硬貨（銅や鉄製）を造り、四代将軍・徳川家綱の時代に庶民に普及します。家綱は、中国の硬貨の流通を禁止し、硬貨の国内製造を重視したのです。この寛永通宝はたびたび改鋳され、種類も意匠も豊富で、明治維新まで使われ、江戸時代の代表的な庶民の通貨となります。明治期に入り、各藩の藩札も廃止され、統一紙幣の普及が、日本の発展を支えます。

貨幣（お金）の歴史

世界最古の貨幣は殷王朝（紀元前1600〜1000年頃）で使われた巻貝の一種の子安貝《こやすがい》だ

※ベトナム寄りの南方海域でとれる貴重な貝だった

紀元前7世紀のギリシャ

紀元前4世紀の中国

↓

金属の硬貨の登場

日本では……

- 7世紀から10世紀にかけて銅銭の登場！
- 銅の不足で「物品貨幣」に逆戻り！
- 豊臣秀吉が貨幣製造（1500年代後半）
  金貨や銀貨の大判・小判を鋳造した
- 徳川家光（1600年代前半）以降に庶民の通貨として「寛永通宝」！

経済とお金豆知識

シンガポール、オーストラリア、ニュージーランド、カナダなどでは、プラスチック製の「ポリマー幣」が流通しています。水に濡れてもふやけず、大人の力で破ろうとしても不可能です。

4 2024年にお札のデザインが一新される理由

2024年に紙幣のデザインが新しくなり、肖像画も、1万円札は渋沢栄一に、5千円札は津田梅子に、千円札は北里柴三郎に変わります。

お札は、ほぼ20年毎に変更されていますが、今回は使いやすさに重点を置いたユニバーサルデザイン思想も加わって、額面数字の大型化、高精細透かし模様、指感触の識別マーク、最先端3Dホログラムなどの最新の技術が施されるようです。

ところで、紙幣のデザイン変更は、偽造防止だけが目的でしょうか。2024年の改刷では、膨大な政府債務の大幅削減を行う計画ではないかという恐ろしい予想をする向きさえあるのです。

つまり、**終戦直後に行われた預金封鎖や財産課税を同時に行うための布石という、うがった見方もあるのです。**当時の日本は戦争遂行のために乱発した国債発行額がGDPの204％にも及んでいました。現在の日本政府の借金も、コロナ禍もあってさらに積み上がり、2020年末にGDPの221％（1212兆円）に及んでいます。

米国では、日本の実情を引き合いに、「自前の通貨建てでの借金は、いくらでもお金を刷って返せるから債務不履行にはならない」と主張する「MMT（現代貨幣理論＝Modern Monetary Theory）」が注目されますが主流派学者は否定的です。国債増発を続ければ、いつか金利が上がり（価格は下落）、通貨の信認を失い、ハイパーインフレを招く恐れは尽きません。**世界銀行も、「海外投資家の保有比率20％超で価格急落の懸念が高まる」と警鐘を鳴らしています。**24年の新札改刷時に預金封鎖を行い、今の1万円札を新8000円と交換して、富裕層への資産課税を行えば、国民の財産カットが容易に行えるのです。

1946年実施の「預金封鎖」と「資産課税」

※奇しくも2024年に1万円札の肖像画になる渋沢栄一の孫の渋沢敬三が大蔵大臣のときに実施された！

預金封鎖

タンス預金は無効になるのであぶり出せる！

資産課税

預金・株式・債券・不動産・金など一定の資産額に応じて25～90%の高率課税を実施し、富裕層を没落させた。

《現代に換算（500倍で計算）》

- 5000万円の純資産……………25%課税！
- 1億円の純資産 ………………… 55%課税！
- 10億円の純資産………………65%課税！
- 75億円の純資産………………90%課税！

経済とお金豆知識

MMTとは、ニューヨーク州立大学のステファニー・ケルトン教授が主唱して、一躍注目を集めました。インフレにならない範囲内で通貨を発行する限り、債務不履行には至らないといいます。

5 なぜ日本のお金は「円」と呼ばれるのか?

なぜ、日本の貨幣単位は「円」なのでしょうか。

1871年(明治4年)5月に明治政府は「新貨条例」を制定し、江戸時代の通貨単位「両」から「円」に改めたものの、「円」という呼び名の経緯ははっきりしていません。貨幣の形を円形にしたから「円」とか、香港で流通していた通貨の呼び名を模したとか、メキシコから流入した円形銀貨を「洋円」と呼んでいたからだとか、中国の「元」の呼び名に倣《なら》ったとか、諸説あるのです。

ところで、この「新貨条例」では、江戸時代に使われていた金貨、銀貨、銭貨などの3貨の四進法(金貨=小判1枚が一両で、1両は4分=16朱)を欧米に倣って十進法に改めました。

そして、「金本位制」を採用し、純金1500mgを1円とし、「円」の100分の1を補助通貨として「銭《せん》」と呼び、「銭」の10分の1を「厘《りん》」としました。しかし、明治政府は、発足当初から多額の不換《ふかん》紙幣の発行や1877年の西南戦争の戦費調達で財政難に陥り、インフレにも悩まされていました。しかも、当時のアジアでは、メキシコから流入した銀貨を中心とする「銀本位制」が主流で、「銀」を主体とする貿易取引が多く、日本もそれに従っていたものの、やがて銀の価格が下落し、日本はますます物価上昇に苦しめられます。

1881年に松方正義が大蔵卿《おおくらきょう》に就任し、緊縮財政や増税を断行、不換紙幣を回収し、82年に日本銀行を設立、84年から兌換《だかん》銀行券条例を施行し、ようやく「円」の通貨体制は整えられます。

ただし、日本は金が乏しく、1897年の日清戦争勝利で賠償金を獲得し、そこでようやく1円を純金750mg(従来の半分)で兌換するという本格的な「金本位制」を確立するに至るのでした。

明治新政府は「新貨条例」を制定！
＝1871年（明治4年）＝

- 通貨の名称を「円」に決定！
- 「金本位制」を採用！
- 江戸時代の「四進法」を「十進法」に変更！

↓

しかし明治政府は悩まされた

インフレ進行！　**財政難！**

1882年日本銀行設立

1884年「兌換銀行券条例」制定

日清戦争勝利！ →（賠償金）→ **「金本位制」確立**

経済とお金豆知識

日本の通貨単位「円」は、ローマ字表記では「EN」でなく「YEN」になります。明治政府制定の「円」以来の標記で、外国人の発音に合わせたためとか、中国の「元（YUAN）」に似せたなど諸説あります。

6 「72の法則」と「100の法則」を知っていると便利！

お金というのは、「利息（金利）」を生みます。

銀行は預金者からお金を集め、それを貸出し運用してお金を殖やし、預金者にも利息を支払うことで成り立っています。「商品が商品を生む」ことはないのに、「お金がお金を生む」という不思議な現象なのです。利息は金額や貸出し期間によって異なりますが、仮に年率1％の利息なら、今日の100万円が1年後には101万円になります。

今は超低金利の時代で、1年物定期預金でも0・002％程度です。高度成長期の1974年には、郵便貯金の1年定期が7・5％もあり、100万円を10年預ければ、倍の200万円になりました。もちろん消費者物価もグイグイ上がったので、10年後に200万円になったといっても、100万円の価値が10年後に2倍の価値になったわけではないですが、隔世の感があるのです。

ところで、**こうしたお金を運用する時に知っておきたいのが「72の法則」と「100の法則」です。**これは元本が何年で2倍になるかを知る時の目安になるからです。「72の法則」は複利、「100の法則」は単利で用います。

たとえば、投資利回りが年率7％の複利の金融商品だったら、「72÷7＝10」なので、元本が2倍になるのに、10年かかることがわかります。

単利の場合は、「100÷7＝14」なので、元本が2倍になるのに、14年かかります。

例に挙げると、利回り7％のアパートを5千万円で購入し、満室経営した場合、14年間で投入した5千万円の元手がやっと回収できるわけです。

ちなみに、現在の銀行の普通預金は0・001％なので、「72の法則」に当てはめると、元本が2倍になるのに、72000年もかかります。

お金はお金を生む! 元金が2倍になる年数は?

<「複利」の場合>

72の法則

年利７%の場合

[72 ÷ 7 = 10]
10年で２倍に！

<「単利」の場合>

100の法則

[100 ÷ 7 = 14]
14年で２倍に！

※「単利」とは元金に対してのみ利子がつく方式で、「複利」とは利子により増えた金額に対してさらに利子がつく方式です。

《複利効果は長期になるほど大きい》

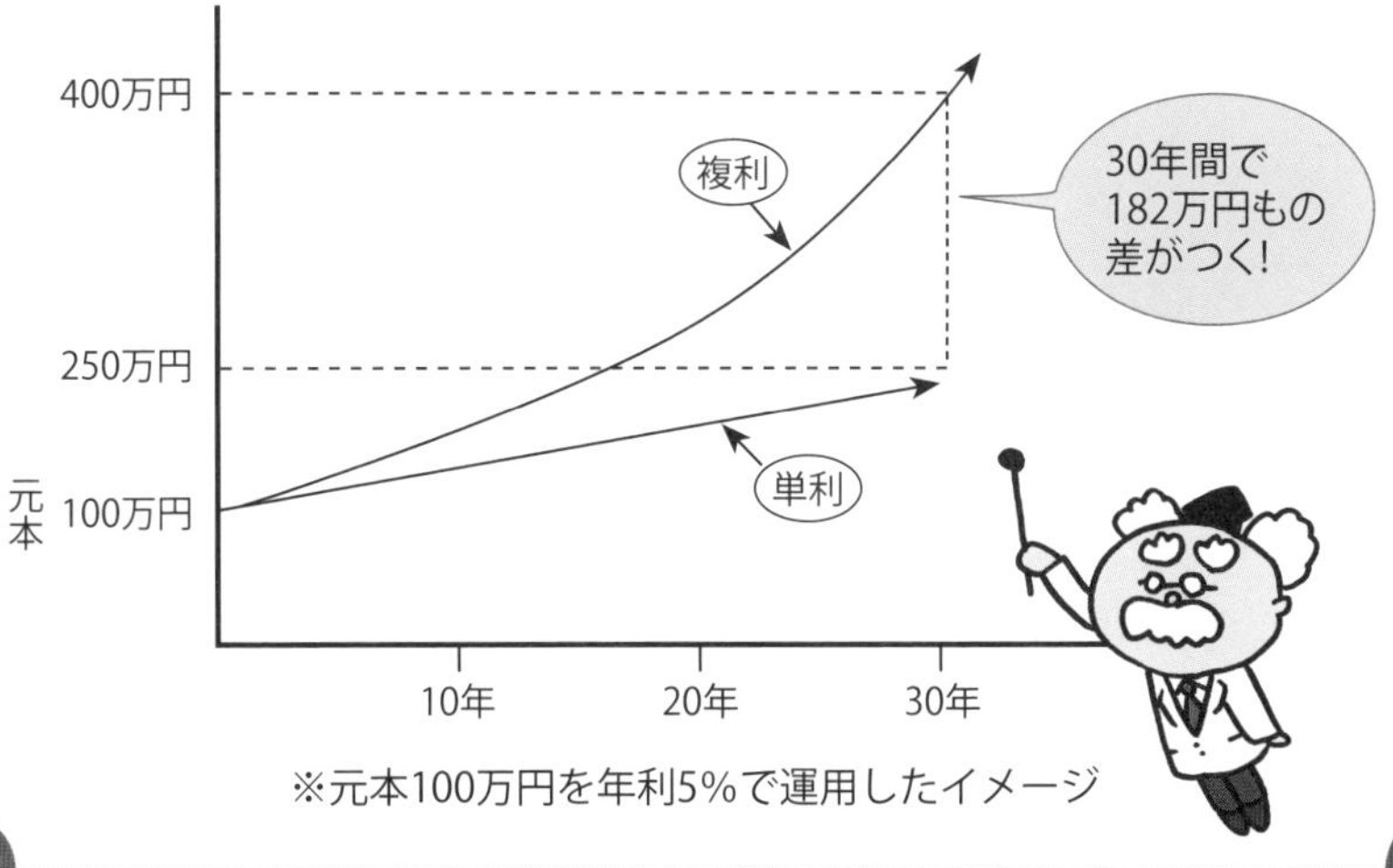

※元本100万円を年利5%で運用したイメージ

経済とお金豆知識

複利効果は、長期間の運用で大きな成果を生み出します。しかし、デメリットがないわけではなく、お金を長期に寝かせることになるため、途中で元本の〝果実〟を手にすることはできなくなります。

7 「各国の通貨価値」はどのようにして決まるのか？

「ドル安で円高だ」とか、「ドル高で円安だ」などと言いますが、こうした通貨の交換価値を決定づけるのは「為替《かわせ》レート」になります。そして、為替レートは日々刻々と変化しています。

　各国のこうした為替レートは、かつては固定相場制でしたが、先進国の多くは70年代を通じ変動相場制に移行してきました（中国は固定相場制）。

　1万ドル相当の米国製品を輸入する際、1ドルが100円の円高レートなら、100万円の支払いですみますが、1ドルが110円の円安レートなら、日本からは110万円の支払いが必要になります。円高なら製品の輸入に有利ですが、円安なら製品の輸入は不利になり、反対に日本から製品輸出する場合は、日本円が安くなれば相手国通貨が高く有利になります。輸入業者が円高を喜び、輸出業者が円安を喜ぶ傾向が見て取れるわけです。

こうした「為替レート」を決定づける第一の要因は、各国の「金利水準」になります。

　為替リスク以上に米国の金利水準が上昇した場合には、米国でのドルの運用が有利になるので、日本円が売られ米国ドルが買われていき、需給バランスから、ドル高傾向に導かれるのです。

もう一つの要因が、「貿易収支」になります。

　輸出のほうが輸入より多ければ、稼いだドルを自国通貨の円に換える働きから、自国通貨の需要が増して円高になります。

　かつての日本は、米国との貿易で輸出が多く、たびたび円高に悩まされましたが、自国通貨高はまさしく国の経済力の反映でもあったからです。

　ちなみに、世界の貿易取引での決済通貨では、ドルやユーロが中心で、日本円や英国ポンド、スイスフランなどが、それらの通貨に準じています。

「為替レート」で通貨の交換価値が決まる！

円高		円安
1ドル＝100円 ・輸入時100万円の支払い ・輸出時100万円の入金	VS	1ドル＝110円 ・輸入時110万円の支払い ・輸出時110万円の入金

※円高は輸入に有利で円安は輸出に有利です

為替レートを決める主な2つの要因

貿易収支！

日本が輸出で稼ぐとやがて自国通貨に換える働きで需要増となり円高となる

金利水準！

米国の金利が高いと米国ドルが買われ、日本円を売りドルを買うので円安となる

日本を代表する企業のひとつトヨタ自動車は為替レートが１円変わるだけで約400億もの利益が上下すると言われています！

経済とお金豆知識

日本も戦後しばらくは、1ドル360円の固定相場でした。71年8月のニクソン・ショック（金とドルの交換停止）を経て、1ドル308円に切り上げられ、73年2月から変動相場に移行しました。

8 「日本人の賃金」が下がり続けている理由とは？

日本人の賃金は下がり続けています。２０２０時点でのＯＥＣＤ（経済協力開発機構）による平均年収の調査では、米国６万９３９２ドル、スイス６万４８２４ドル、カナダ５万５３４２ドル、ドイツ５万３７４５ドル、英国４万７１４７ドル、フランス４万５５８１ドルに対して、日本は３万８５１５ドルにすぎません。この金額は購買《こうばい》力平価換算《りょくへいかかんさん》ゆえに物価も考慮された実情を反映しており、過去20年間の下落は加盟38ヶ国中で日本だけでした。90年代初頭は、米国に次ぐ世界2位を記録した日本ですが、今ではこの有様です。

日本では97年に賃金水準が最も高かったのですが、この年あたりから、日本は恒常的なデフレに陥ります。**デフレは物価を下げますが、賃金にも下押し圧力が働きます。**バブル崩壊後の日本では、非正規雇用も広がり、今や労働者の4割に及びます。コロナ禍になる前まで、人口減で人手不足も叫ばれた日本ですが、賃金は上がらず、経済学の教科書通りにはなりませんでした。

賃金が上がらない理由はいろいろ挙げられます。労組の組織率も16％台ゆえに賃上げ圧力も弱く、中小零細企業の比率が99・7％ゆえに生産性が低いからともいわれます。

もっともバブル崩壊以降、大企業が警戒心を強め、賃金を抑制してきたのは、２０１９年の内部留保額が４７５兆円に膨らんだことや、労働分配率の低下を見ても明らかです。企業は利益を人件費にも設備投資にも回さず、ひたすら蓄積を図ってきたわけです。**賃金が増えなければ、消費が伸びず、内需が減少するので、デフレ脱却もできず、結局企業の首を絞めます。**低賃金で貯蓄もできない状況は、将来不安を高め、国力衰退を早めます。

これが世界の平均年収！（購買力平価換算）

（米ドル）

国　名	平均年収	国　名	平均年収
アメリカ	69,392	フィンランド	46,230
アイスランド	67,488	フランス	45,581
ルクセンブルグ	65,854	ニュージーランド	45,269
スイス	64,824	韓国	41,960
オランダ	58,828	スロベニア	41,445
デンマーク	58,430	イスラエル	39,322
ノルウェー	55,780	**日本**	**38,515**
カナダ	55,342	スペイン	37,922
オーストラリア	55,206	イタリア	37,769
ベルギー	54,327	ポーランド	32,527
ドイツ	53,745	リトアニア	31,811
オーストリア	53,132	チェコ	29,885
アイルランド	49,474	ラトビア	29,876
イギリス	47,147	ポルトガル	28,410
スウェーデン	47,020	ギリシャ	27,207

（2020年OECD調査より抜粋）

あちゃーっ！
日本より格差社会の韓国が、
日本人の平均年収より高くなっているぞ〜っ！

経済とお金豆知識

各国の最低賃金（法定時給）も、日本の全国平均の930円（2021年10月から）に対し、オーストラリア12.9ドル、フランス12.2ドル、ドイツ12ドルなどです。日本はかなり低いのです。

9 「老後2千万円問題」とはいったい何だったのか？

2019年6月に金融庁が公表したレポートが物議を醸しました。「老後の夫婦の生活費は、厚生年金だけでは不足するので2千万円は必要」という内容でした。マスメディアや野党が騒ぎ立て、事実上の撤回に追い込んだレポートでしたが、公的年金だけでは老後生活が成り立たないことは、よく知られる事実ゆえに奇異な印象を残しました。

金融庁のレポートでは**「夫65歳以上、妻60歳以上の夫婦のみの無職世帯では、家計調査のデータから毎月の平均支出額約26万円に対して、収入が20万円程度なので、毎月平均の不足額が5・5万円で年間66万円、30年間に及べば、ほぼ2千万円が不足してしまう」**というものでした。

しかし、左頁の表でおかわりの通り、自営業の人の場合は、生涯自営で働くことが前提のため、少ない国民年金だけしか収入の支えはありません。生活保護受給世帯の半数が高齢世帯のゆえんです。

また、無職の老夫婦の平均支出額が26万円というのも少なく、ゆとりある生活には36万円程度が必要ともいわれます。となると2千万円ぐらいでは到底足りないことにもなるのです。

2020年の平均寿命は、男性81・64歳、女性87・74歳ですが、健康で介助も介護も必要ない健康寿命は、男性72・14歳、女性74・79歳です。およそ半数の人たちは、この年齢から平均寿命までの間に、医療費や介護費が発生するのです。すると、ますます老後資金が2千万円ぐらいでは足りないことにもなるのです。

「老後資金2千万円問題」は、労働収入の無くなる老後の生活について、多くの国民に「気づき」を与えました。健康に留意し、ピンピンコロリを目指さないと、老後が大変だからなのです。

「金融庁」のレポート

※夫65歳以上、妻60歳以上の夫婦のみの無職世帯

毎月の支出　26万円程度

毎月の収入　20万円程度　5.5万円不足

毎月5.5万円不足で
年間66万円不足!

30年間だと
約2000万円の不足!

健康寿命との差は大きい!

＜男性＞
平均寿命　81.64歳
健康寿命　72.14歳
9.5年

＜女性＞
平均寿命　87.74歳
健康寿命　74.79歳
12.95年

※ブラックボックスの期間は長い

世帯別年金収入平均額(2019年度)

世帯		年金平均額	合計
夫婦ともに会社員の世帯	夫	164,770円	267,929円
	妻	103,159円	
会社員＋専業主婦世帯	夫(会社員)	164,770円	218,469円
	妻(専業主婦)	53,699円	
夫婦ともに自営業の世帯	夫	58,866円	112,565円
	妻	53,699円	
シングル世帯	会社員(男性)	164,770円	
	会社員(女性)	103,159円	
	個人事業主(男性)	58,866円	
	個人事業主(女性)	53,699円	

厚生労働省「厚生年金保険・国民年金事業年報(2019年度)」

経済とお金豆知識

スイスでは法の下で認められれば、希望安楽死の制度があります。日本でも、高齢での延命治療を拒否する人の希望を採り入れられれば、医療費の43兆円を縮小できるという議論もあるのです。

10 「消費税」とはいったい何を意味するのか？

慢性的な財政赤字に悩む政府は、１９８９年４月に税率３％の消費税を導入、97年４月からは５％にアップし、さらに２０１４年４月からは８％にアップ、そして２０１９年10月からは10％としています。

この**消費税は、非常に不公平な税といわれます。**所得税や相続税のように、稼ぐほどに税率が上がる累進構造でなく、所得の低い人にとっては負担の比率が重く、逆進性の税だからなのです。

貧乏な人ほど、生活する上での税負担が大きい非常に不公平な税といえるでしょう。

さらに、欺瞞的《ぎまんてき》なのは、３％の消費税を導入した89年の翌年90年度の税収こそ、当時最高の60兆円の税収合計になったものの、その後は所得税率を下げたり、法人税率を下げるたびに、その分の税収が減り、２０１８年度になるまで、90年度の税収60兆円を超えられなかったのです。

何のことはないのです。**消費税は所詮、所得税や法人税を下げるためのダミーの役割だったというわけです。**所得税率や法人税率を下げた穴埋めで、消費税率を上げてきた――というのでは、高額所得者や大企業への優遇策に他なりません。

付加価値税率の高い北欧諸国では、医療費や大学の授業料が無料になるなど、社会保障体制が手厚いために、国民の納得度も高い税制になっています。日本の場合、消費税率を闇雲にアップさせる前に、社会保障体制の抜本的見直しや歳出削減の徹底を図るべきといえるでしょう。

日本では、消費税率を上げる度に消費を鈍らせ、景気を押し下げ、結局税収を減らす愚を繰り返してきたのですから、こんな不公平な税はさっさと廃止すべきなのです。

日本の税収の推移

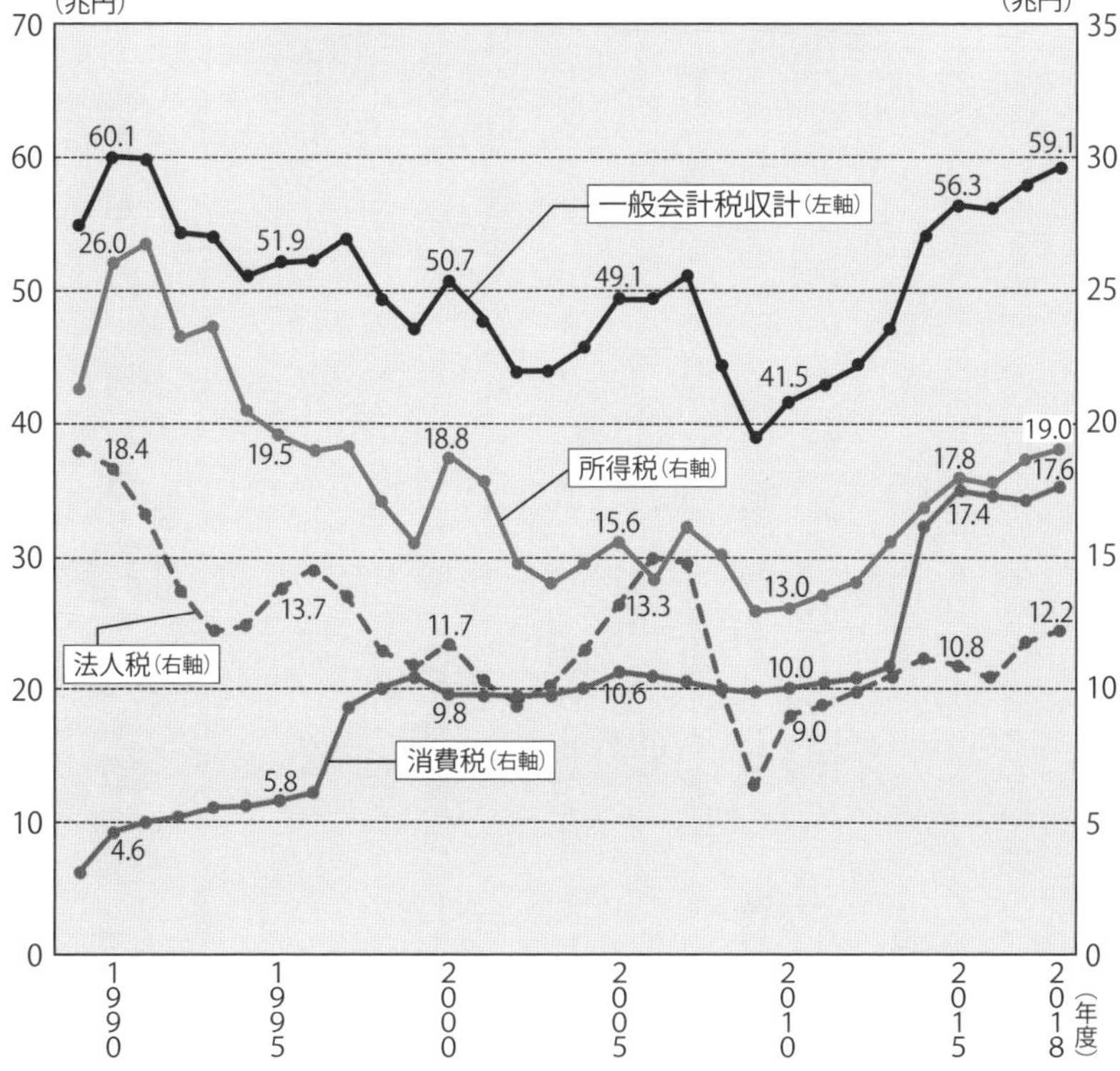
(兆円)
(兆円)
70
60
50
40
30
20
10
0
35
30
25
20
15
10
5
0
一般会計税収計(左軸)
所得税(右軸)
法人税(右軸)
消費税(右軸)
60.1
51.9
50.7
49.1
41.5
56.3
59.1
26.0
19.5
18.8
15.6
13.0
17.8
19.0
18.4
13.7
11.7
13.3
9.0
10.8
12.2
9.8
10.6
10.0
17.4
17.6
5.8
4.6
1990
1995
2000
2005
2010
2015
2018
(年度)

(財務省の資料より)

消費税を10%に引き上げたことで日本経済にどんな影響が出たのでしょうか。消費行動が鈍り、経済全体に悪影響を及ぼしたのです。

経済とお金豆知識

2018年の各国の国民負担率（税と社会保障費の所得に占める割合）は以下の通りです。米国 31.8%、日本44.3%、イギリス47.8%、ドイツ 54.9%、スウェーデン58.8%、フランス68.3% などです。

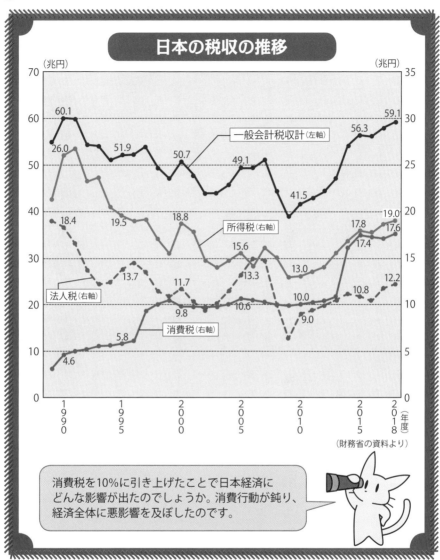

経済とお金

今日から役立つちょっといい話②

マイホーム購入の大きなリスクとは？

物価が上昇し、人口も増えていた１９５０～70年代なら、ローンを組んでマイホーム購入もアリだったでしょう。

当時は金利も高かったですが、それ以上に不動産価格も上昇してくれたので老後はそれなりの資産となったからです。

しかし、これからマイホームを購入するのは正解なのでしょうか。日本は人口減少で住宅はすでに余っています。将来、価値が上がると見込めるなら、借金をしてでも「金利が低い今のうちにマイホームを購入する」という選択も経済合理性に適っていますが、将来価値が下がっていくと思われる住宅を購入するのに大きな借金をするのは、整合性があるとは思えません。

不動産投資のバイブル本でベストセラーになった『金持ち父さん　貧乏父さん』の著者ロバート・キヨサキ氏は「ポケットにお金を入れてくれるのが資産」で「ポケットからお金を奪っていくものは負債」と喝破し、マイホームを購入するより先に資産を築くべしとして、優先すべきは「投資」と主張しました。

住宅ローンを組んでマイホームを購入する人の理由には、「持ち家は財産になる」

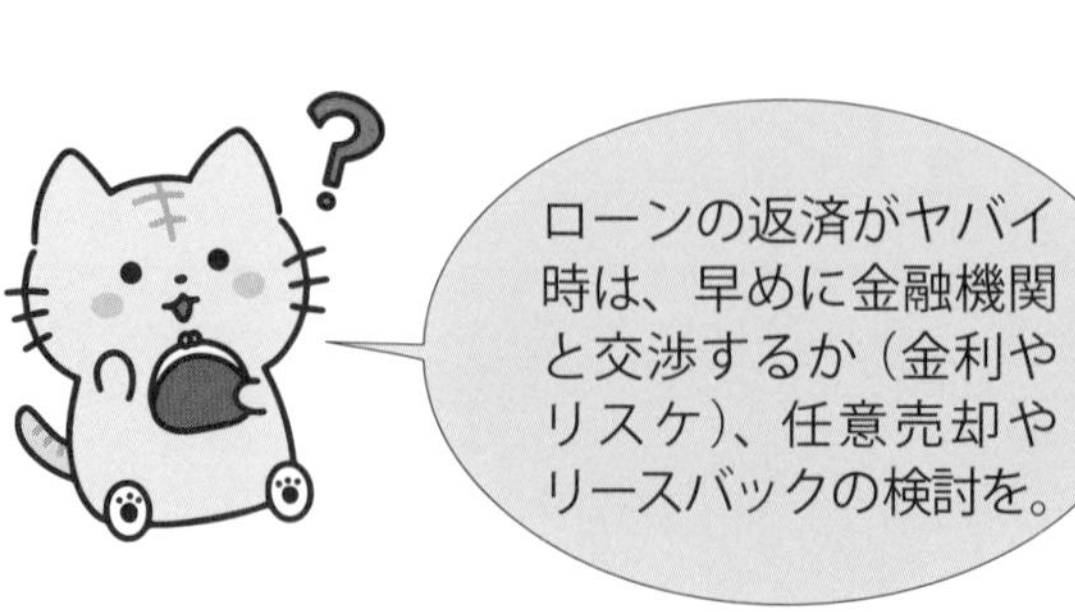
ローンの返済がヤバイ
時は、早めに金融機関
と交渉するか（金利や
リスケ）、任意売却や
リースバックの検討を。

「低金利の今が購入のチャンス」「家賃を払い続けても自分のモノにならない」「高齢者になると賃貸住宅が借りにくくなる」「住宅ローンは生命保険代わりになる（ローンは団体信用生命保険付き）」などが挙げられるでしょう。

一方で、大きなリスクは、20年も30年も続くローンを払い続けられるかどうか、転勤などに伴う住居移転にうまく対処できるか、子供の独立などの家族数の変化に適応できるか――といったことになるでしょう。

これらのリスクにうまく対処する上では、マイホームの売却が鍵を握ります。

マイホームの価値が上がっていくなら、途中で売却しローンの残債を払えば、それで終わりですが、実際にはマイホームの価値が落ちていきますから、ローンの残債のほうが多くて売るに売れないことにもなりかねないわけです。

そんな失敗者が大勢いますから、これからはマイホーム購入は慎重にすべきでしょう。

マイホームは値下がりリスク大！

人口減少！

- 2020年…１億2600万人
- 2030年…１億1500万人
- 2050年…9500万人

空き家増加！

2018年の空き家率13.6%
（5年毎の総務省の住宅・土地統計調査）

35年間ローンを支払い続けるリスクとは？

返済不能！　転職！　家族数激減！

↓

売却したくてもローンの残高が多くてできない！

Column②

危ない中国産野菜はどこで消費されているのか?

日本の野菜の需給構造は、国内生産量が8割、輸入量が2割を占めます。金額ベースの全体では3兆円近く、このうち約15%程度が輸入野菜（生鮮野菜3割、加工野菜7割）になり、中国産が半分を占めます。

しかし、スーパーの野菜売り場で中国産はまず見かけません。かつて基準値を大幅に超える残留農薬が検出され店頭から消えたからです。実は輸入野菜のほとんどは、外食や中食、加工食品で消費されています。

何しろ国産の野菜より3割〜6割も安いからです。

世界で大量に農薬を使うワースト3国は、中韓日の順で、湿潤気候のため害虫も多いからです。国産は農薬の管理にも信頼できますが、外国産は不安です。そのうえ、輸入野菜にはポストハーベスト問題も付随します（収穫後の輸送時に防カビ剤や防虫剤を使用する）。輸入時のチェックは書類審査で9割が通り、検査は1割のみです。畑での農薬の数十倍の濃度ゆえ残留農薬の懸念は、想像するだけでもぞっとする状況なのです。

第3章

知っておくと役に立つ「経済とお金の話」

①「GO TOキャンペーン」が経済学的にNGな理由

2019年末に中国から広まった新型コロナウィルスは瞬くうちにパンデミック（世界的大流行）を引き起こしました。世界中が大打撃です。

ところで経済社会では、事業者同士（経済主体）が市場において取引を行いますが、通常こうした取引は、その当事者以外の人達には何ら影響も及ぼさない――というのが一般的前提です。

しかし、ある事業者が「環境によい活動」を行えば、取引に関係のない人達にもメリットが生じますし、反対に「公害」などを発生させれば、周辺の人達にも大迷惑を及ぼすことになります。

市場での経済主体の自由な行動に任せておくと、このような副次的影響が、発生するわけです。

これらの例のように、**当事者以外の人たちにまで何らかの影響を及ぼすことを経済学では「外部性」と呼び、取引に関係のない人達にメリットをもたらす場合を「外部経済」、デメリットを与える場合を「外部不経済」と呼んでいます。**

今回のコロナ禍は、まさしく多くの人達にとって「外部不経済」といえますが、とりわけ、感染拡大防止の観点からいえば、外食産業や旅行業者の対面型取引は、取引関係者以外にも不利益をもたらす可能性の高い「外部不経済」に相当します。

経済学の教科書では、こうした「外部性」に対処する方法として、2つの処方箋が示されます。「外部経済」には、その事業者に補助金を支給するか税金を安くし、「外部不経済」には、その事業者に活動を抑制させるべく補助金を支給するか、その活動への課税を強化させるかになるのです。

残念ながら、「GO TOキャンペーン」は、「外部不経済」を促進させせかねない事業者の「活動」に補助金を与えるという点でNGなのです。

新型コロナウィルス襲来！
飲食業
旅行業
顧客喪失で大打撃！
よっしゃ！ 2・7兆円の予算を組んでGOTOキャンペーンじゃ！
業界団体から数百万円の「政治献金」を貰っている与党幹部の政治家
教科書とは真逆の対策
これが本来
《〇》
外部不経済には…
• 税金を課すなどで「活動抑制」！
•「活動抑制」に補助金！
《×》
クレージー
外部不経済には…
• GOTOキャンペーンの割引特典で活動促進し人流拡大！→感染拡大

経済とお金豆知識

政府は「GOTOキャンペーンが新型コロナウィルスの感染を拡げたエビデンス（根拠）はない」と主張しますが、「感染を拡げなかったエビデンス」もありません。休業補償は未だ不十分です。

2

「合成の誤謬」とは何を意味するのか？

経済学では、「合成の誤謬《ごびゅう》」という有名な用語が知られています。たとえば、**個々人の行動が理にかなった合理的に正しいものであっても、それが全体に行き渡ると、けっして望ましい結果とならない**ことを意味する言葉なのです。

これは私たちが、日常的に遭遇していることでもあります。新型コロナウィルス感染が広がり始めた当初、マスクが感染予防に有効とされ、人々は瞬くうちに買い占めに走りました。そこで買えない人たちが続出し、マスク価格は高騰しました。

また、ワクチン接種が、新型コロナの感染拡大防止に有効で、社会全体の利益に適うと推奨されても、ネット上の「不妊になる」とか、「副反応が多い」などの根拠のない噂でも、自己判断で信じる人が増えると、接種にもブレーキがかかります。「集団免疫」獲得のための接種もすすまず、外国ではワクチン接種促進のため、報償金や賞品まで用意するところが出てくるゆえんなのです。

噂や風評だけでも、「合成の誤謬」を形成してしまうのですから、恐ろしい話でしょう。

日本全体を見渡しても、「合成の誤謬」が社会全体を覆っているような観を呈しています。

どこの企業も賃金を抑制しているため、労働者の懐は厳しく、人々は将来への不安から消費を控え、節約と貯蓄に励んでいます。

そのため、消費者物価も上がらないので、デフレからも脱却できません。お金がないので結婚しない若者も増え、夫婦であっても子どもを産まなくなり、少子化は止まりそうにもありません。

コロナ禍の今の日本の現状こそが、「合成の誤謬」を強烈に体現させている事例といっても過言でないのです。

これが合成の誤謬!

《個々の行動》　《全体では》

マスクをまとめ買いしておこう!

→

- 品切れ続出!
- 価格高騰!
- マスク不足!

将来が不安だから節約と貯蓄が大事!

→

- 世の中にお金が回らなくなる!
- 不景気になる!

《噂やデマでも…》

ワクチンを打つと副反応がこわいから打たない!

→

- 集団免疫ができない!
- いつまでもコロナ禍が続く!

ちょっとした噂でも、その噂の信憑性を確かめる前に人間は慌てて行動をする傾向にあります。場合によってはパニックにつながります!

経済とお金豆知識

ミクロ経済における合理的行動が、マクロ経済に及ぶと、経済全体の混乱を引き起こす事例として「合成の誤謬」はよく引き合いに出されます。噂や風評に流された行動も慎まねばなりません。

3 「利率」と「利回り」はどう違うのか？

日常生活では「利子」「利息」「利率」「金利」などの用語の他に「利回り」という言葉も使われますが、それらの違いを明確にご存じでしょうか。

「利子」や「利息」、「利率」や「金利」は基本的には同じ意味です。ただし、「利子」や「利息」は元本に対する金額そのもので捉えることが多く、「利率」や「金利」は元本に対する割合（％）で示す場合が多くなっています。また、慣習的に銀行預金では「利息」、ゆうちょ銀行の貯金では「利子」と呼び、「出資法」や「利息制限法」などの法律では「利息」が用いられ、「税法」では「利子所得」などと使い分けられています。

ところで、これらと混同して間違えやすいのが「利回り」です。**「利回り」が用いられるのは、「投資」の分野になるのです。**債券投資や投資信託、不動産投資などで使われます。また、「利回り」は、最終的な元本の売却損益も収益計算に含めるため、「想定利回り」のケースが多くなります。

もちろん、「確定利回り」の金融商品もありますが（満期まで保有した場合の債券）、投資信託や不動産投資は、最終的に売却してみて、初めて「年利回り」がどのぐらいだったかがわかるのです。

たとえば、基準価額（時価）99万円の「投資信託」を1年間保有して2万円の「分配金」を受け取り、101万円で売却した場合の「利回り」は（分配金2万円＋売却益2万円）÷投資額99万円×100＝年利回り4・04％となります。

ただし、これはあくまでも「表面利回り」です。「実質利回り」は次のような計算式で求めます。

（分配金＋売買損益－販売手数料－信託報酬額－税金）÷投資元本÷運用年数×100

「利回り」とは？

元本が変動することのある投資の場合に用います

「想定利回りがよくても最終的な「確定利回り」が悪いこともあるよ！

《投資信託の場合の年利回り》

99万円で投信を購入 → 毎年２万円の分配金をゲット → 3年後に100万円で売却

（分配金6万円＋売却益1万円）÷投資額99万円÷3×100＝2.35%
（2万円×3年分）　（確定利回り）

《不動産投資の場合の年利回り》

5000万円でアパート購入 → 満室時年間家賃収入350万円 → 平均90%の入居稼働率 実質年間家賃315万円 → 6年後に4500万円で売却

（実質家賃1890万円－売却損500万円）÷投資額5000万円÷6×100＝4.63%
（315万円×6年分）　（確定利回り）

※ただし、いずれの場合もコストや税金を含まない「表面利回り」です

経済とお金豆知識

不動産投資の世界では、「表面利回り」だけが強調され、「空室損」「コスト」「税金」「売却損益」などが反映されていません。本当の「実質利回り」は、売却してみないとわからないのです。

4 「ふるさと納税」が天下の愚策な理由

２００８年度から「ふるさと納税」制度がスタートし、初年度の全国受入額は81億円でしたが、２０２０年度は６７２４億円の過去最高額となり、寄付件数は３４８８万件（前年比1・5倍）にのぼりました。ふるさと納税とは、自分が指定する自治体に寄付すれば、寄付額から2千円を除外した金額が所得税や住民税から控除され、寄付した自治体からは、概ね返礼品が貰える制度です。

つまり、実質2千円の負担で肉や海産品などの返礼品が貰えます。5万円を寄付すれば4万8千円分が国や居住自治体に入らず、寄付先の自治体に入ります。そのため寄付を募る自治体間で、激しい高額返礼品競争まで起きました（19年度から返礼品調達額は寄付額の3割以下に規制）。

ところで、この制度には寄付額に上限があり、独身で年収４００万円なら、せいぜい4万円程度、年収８００万円でも12万円程度です。高級な和牛や海産物などの高額寄付が必要な返礼品の利用は限られるのです（5回以下は確定申告不要）。

その点、最もトクをするのは富裕層でした。

年収１２００万円の妻子持ちなら24万円程度、年収3千万円なら１０５万円、年収1億円なら３６０万円までの利用が可能で、まさしく富裕層優遇なのです。また、次にトクなのは返礼品に選ばれる地場産業で、自治体に寄生して稼げます。さらに、自治体が広告を載せるポータルサイトには、寄付額の10％もの手数料が入ります。

寄付額の半分程度しか自治体に入らず、税金が浪費されています。なお、総務相時代にこの制度を導入し、官房長官時代に制度を拡充したのは菅総理でした。不公平な制度の欠陥を指摘し、反対した総務省官僚が左遷されたのは語り草です。

ふるさと納税は「富裕層優遇」＋「税金の浪費」

控除外	控除額		
適用下限額 2,000円	所得税の控除額 （ふるさと納税額 −2,000円） ×所得税率	住民税の控除額 （基本分） （ふるさと納税額 − 2,000 円） ×住民税率（10%）	住民税控除額 （特例分） ← 所得割額の2割を限度

寄付金控除の申告

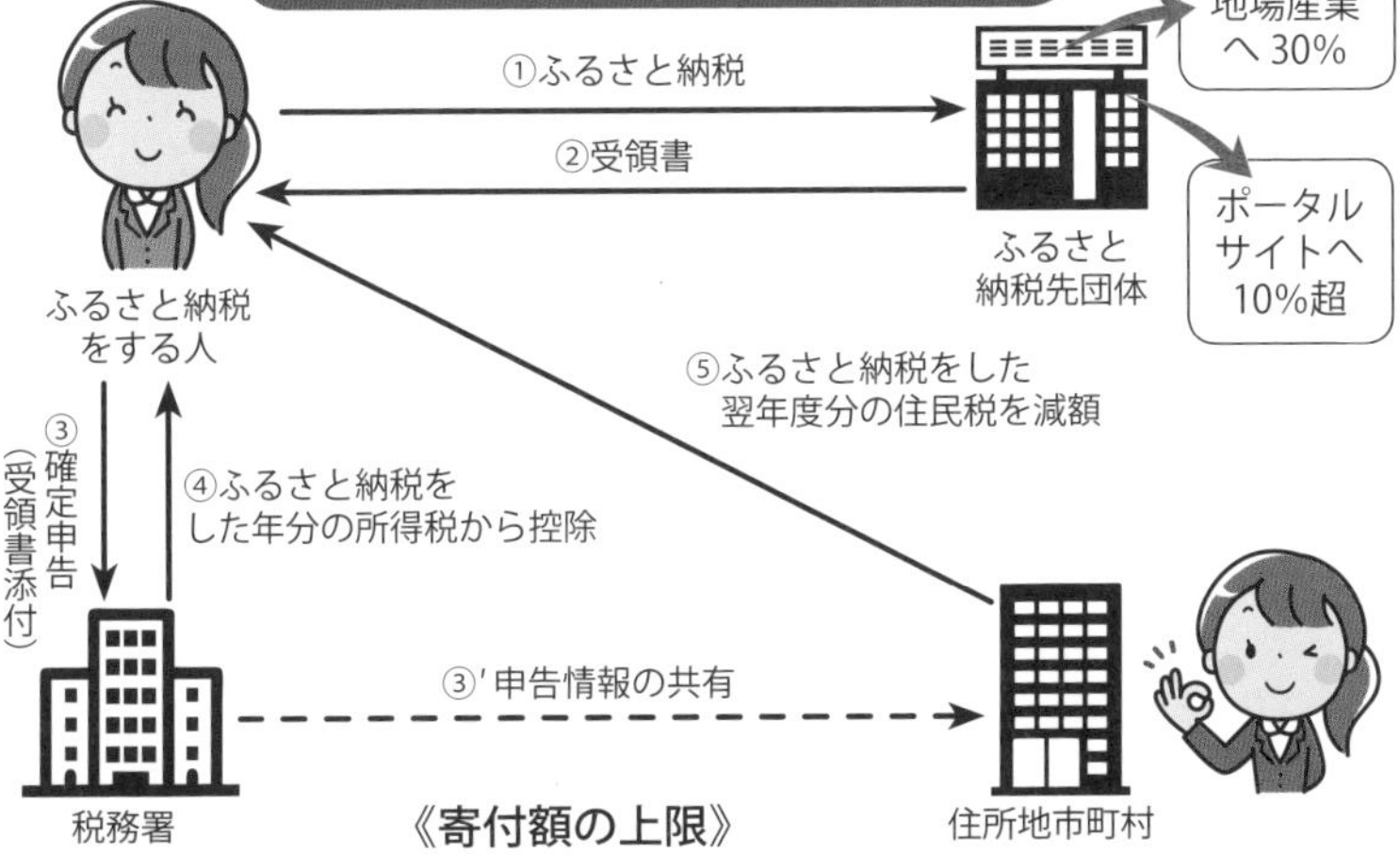
①ふるさと納税
②受領書
地場産業へ 30%
ポータルサイトへ10%超
ふるさと納税先団体
ふるさと納税をする人
⑤ふるさと納税をした翌年度分の住民税を減額
③確定申告（受領書添付）
④ふるさと納税をした年分の所得税から控除
③′申告情報の共有
税務署
住所地市町村

《寄付額の上限》

ふるさと納税を行う本人の給与収入	ふるさと納税をする人の家族構成						
	独身または共働き	夫婦	共働き＋子１人（高校生）	共働き＋子１人（大学生）	夫婦＋子１人（高校生）	共働き＋子２人（大学生と高校生）	夫婦＋子２人（大学生と高校生）
300万円	28,000	19,000	19,000	15,000	11,000	7,000	——
1000万円	176,000	166,000	166,000	163,000	157,000	153,000	144,000

経済とお金豆知識

「ふるさと納税」は地場産業への振興も謳いますが、所詮は税金を使った地場産業への「お買い上げサービス」にすぎないともいわれます。自治体への寄生が強まり、自立を妨げるというのです。

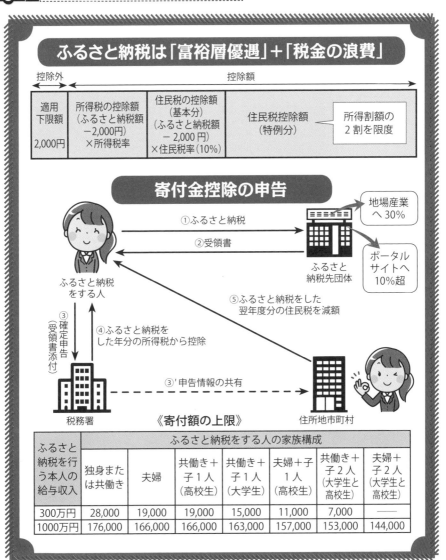

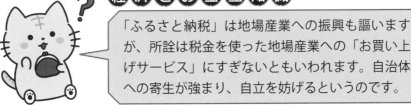

5 「労働者派遣事業」が堂々とはびこっている理由

「人材派遣」などと称し、労働者の賃金を3～4割も抜いて儲ける、本来労基法で禁じられていたはずの「中間搾取」にあたる労働者派遣事業。

政府は、〝使い捨て労働者〟を求める産業界の要請を受け、1986年に「労働者派遣法」を制定し、当時から「業務請負」と称して偽装派遣を行っていた違法営業の法人を次々救済したのでした。

当初表向きは、専門性の高い業務のみの派遣のはずが、実際は抜け道だらけの法改正で、今や雑用業務までやりたい放題になっています。

派遣先にすれば、「交通費ナシ」「賞与ナシ」「退職金ナシ」「福利厚生ナシ」「社会保険ナシ（今は制度導入した）」の労働者ですから、戦前のタコ部屋奴隷労働に先祖返りさせた制度といえるのです。

この業界は、スタート時点から違法のオンパレードです。「禁止業種への派遣」「無許可・無届営業」「偽装請負」「二重派遣」「女子の容姿のランク付け開示」「派遣先への履歴書開示」「派遣先企業への事前面接（会社訪問の名目で実施）」「マージン率の非開示」など、こんな悪徳業態の企業が堂々と上場しているのですから笑止千万なのです。

違法だらけの業界ゆえに、何度も法改正が繰り返されてきましたが、実態は変わりません。

いつでも首切り可能というのが、そもそもの派遣業界の「キモ」なので、政治献金や接待供応で与党政治家を籠絡《ろうらく》し、抜け道だらけの法改正で乗り切ってきたからです。バイトやパート、契約社員など、有期雇用の非正規雇用労働者は、今や労働者の4割近く（20年2090万人）にのぼり、そのうち派遣労働者は6・6％（同138万人）を占めます。中間搾取を許す派遣業を禁止して、せめて直接雇用体系に戻すべきでしょう。

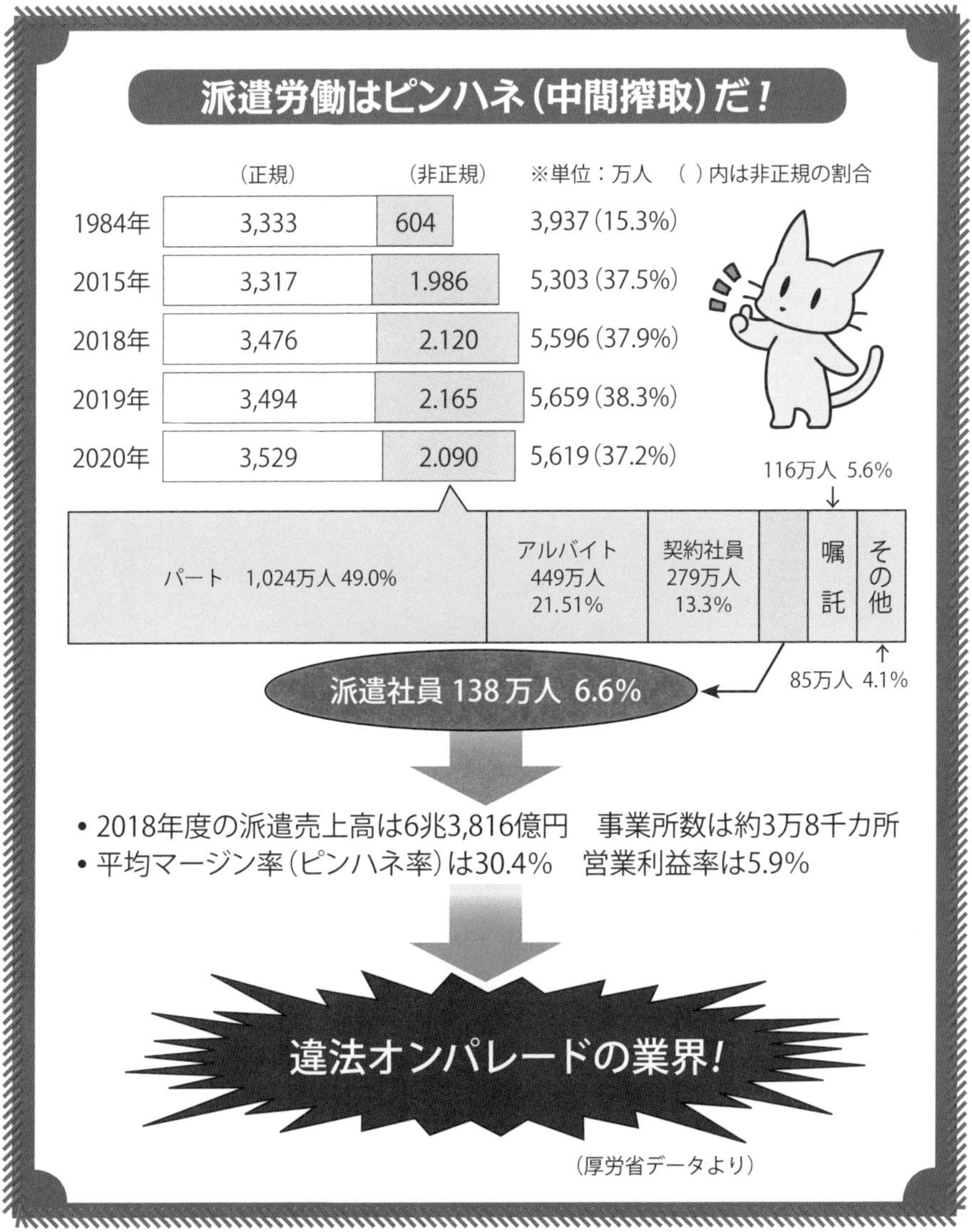
派遣労働はピンハネ（中間搾取）だ！
（正規）
（非正規）
※単位：万人　（ ）内は非正規の割合
1984年 3,333 604 3,937（15.3%）
2015年 3,317 1.986 5,303（37.5%）
2018年 3,476 2.120 5,596（37.9%）
2019年 3,494 2.165 5,659（38.3%）
2020年 3,529 2.090 5,619（37.2%）
パート　1,024万人 49.0%
アルバイト 449万人 21.51%
契約社員 279万人 13.3%
嘱託
その他
116万人 5.6%
85万人 4.1%
派遣社員 138万人 6.6%
• 2018年度の派遣売上高は6兆3,816億円　事業所数は約3万8千カ所
• 平均マージン率（ピンハネ率）は30.4%　営業利益率は5.9%
違法オンパレードの業界！
（厚労省データより）

経済とお金豆知識

企業にとって「労働者派遣」は間接雇用のため、人事管理が不要で便利です。戦前の「タコ部屋奴隷労働」の反省に立ち、戦後は「中間搾取」を禁じてきたはずが、先祖返りの悪法を作ったのです。

⑥「紙巻きタバコ」を値上げする財務省の悪の戦略

2021年10月から、JT（日本たばこ産業）は発売する「紙巻きタバコ」や「電子タバコ」など173銘柄をタバコ税増税に併せ、認可後に値上げする見込みです。主力のメビウス（旧名マイルドセブン）は97年の230円が現在は540円）も40円値上げされ580円になります。

日本では、受動喫煙を防止するとして、02年に「健康増進法」が生まれ、禁煙を奨励し、同時にタバコの販売価格も随時上げられてきました。

そのため喫煙者も減少し、ピーク時の1966年には、男性の喫煙率83・7％（女性は18・0％）が、2020年の男性では29・0％（女性は8・1％）まで減りました（厚労省「最新たばこ情報」より）。

タバコはそもそも重税商品です。

国タバコ税、地方タバコ税、タバコ特別税、消費税と4種類もの税金がかけられ、これら4種の税金だけでも、価格の61・8％です。現行で540円のメビウスで334円が税金です。

2019年度の税収でも、国タバコ税が8890億円、地方タバコ税が1兆174億円、タバコ特別税が1260億円、消費税が約1千億円で、合計2兆1千億円になります。

こんなボッタクリ重税商品は他にないのです。ビールは48・4％、ウィスキーは28・6％、ガソリンは47・3％、灯油でも12％です。標準的なタバコ一箱の価格は、先進国では急激に上がりました。豪州で2166円、英国1327円、カナダ1140円もします（2018年）。

これらを見ると、日本のタバコはまだまだ値上げできそうです。財務省は税収約2兆円が一気に減ると困るのでジリジリ値上げし、喫煙者を一気に減らさないよう姑息な策を弄しているのです。

タバコは重税商品！

《メビウス1箱（20本入）》540円の内訳

JTの収入	販売店収入	国タバコ税	地方タバコ税	タバコ特別税	消費税
152.03円（28.2%）	54円（10%）	126.04円（23.3%）	142.44円（26.4%）	16.4円（3%）	49.09円（9.1%）

タバコ特別税　16.4円（3%）

61.8%が税金

1日1箱吸う人は年間12万円の税金！

タバコの販売量は減っても税収はほぼ2兆円！

《タバコ税収入の推移》

2008年	2.1兆円	2012年	2.5兆円	2016年	2.1兆円
2009年	2.0兆円	2013年	2.4兆円	2017年	2.0兆円
2010年	2.1兆円	2014年	2.2兆円	2018年	2.0兆円
2011年	2.4兆円	2015年	2.2兆円	2019年	2.1兆円

《メビウスの販売価格の推移》

1985年	200円	2003年	270円	2016年	440円
1986年	220円	2006年	300円	2018年	480円
1997年	230円	2010年	410円	2019年	490円
1998年	250円	2014年	430円	2020年	540円

経済とお金豆知識

「健康増進法」を作ったら、タバコも欧米のように一気に2～3倍に値上げすべきです。年間のタバコ税収2兆円を減らさないよう漸進的《ぜんしんてき》値上げに拘《こだわ》る財務省は、国民へのダブルスタンダードです。

7 「デジタル人民元」の普及で中国が狙っているもの

中国ではアリババ創業者のジャック・マー（馬雲）氏のちょっとした講演会での発言（金融当局への不満）が、中国共産党中央の逆鱗《げきりん》に触れたとして、傘下金融サービス会社アント・グループの上場を中止させられています。アント・グループは、アリババの中核金融会社で、10億人の決済サービスを行うアリペイや個人金融サービスを手がける企業です。中共政府は、他にも巨大民間企業への締め付けを強化し始めました。なぜでしょうか。

民間企業が力をもちすぎ、金融支配するといった構図には待ったをかけたいからに他なりません。

こうした背景には、トランプ政権時代に始まった米中対立があります。中国では偽札の横行などもあり、すでにアリペイやウィーチャットペイといったスマホ決済が普及しています。それらは、当局が監督できる銀行以上の支配権を確立する勢いを見せつけているのです。

中国の人民元は、世界の貿易決済でも、たったの2％程度しか使われておらず、決済通貨の中心は米国ドル（約44％）であり、ユーロ（約16％）で、次に日本円（約11％）や英国ポンド（約6％）などです。米中の貿易戦争で、中国当局が最も恐れているのは、決済通貨のドルが使えなくなることです。米国が本気を出せば、世界の金融機関のドル決済を司るSWIFT（国際銀行間通信協会）から、制裁措置で中国を追放することもできるでしょう。もしそうなれば、貿易取引に米国ドルが使えない中国は万事休すの大打撃となるのです。

ゆえに**中国は、国内金融のすべてをまず中国共産党が牛耳って、広域経済圏構想の「一帯一路」を通じ、世界に「デジタル人民元」の普及を図る野望に目覚めた——といわれているわけです。**

中国共産党政権による巨大IT企業への締めつけ！

アリババグループ傘下の金融サービス会社アント・グループ	巨大IT企業テンセント	配車アプリ滴滴（ディディ・グローバル）
★上場延期（中止）！ ★アリババの株価急落！ ★罰金182億元（約3120億円）	★金融監督強化！ ★テンセント株価急落！	★アプリストアから排除！ ★株価急落！

デジタル人民元による支配力強化！

══ 広域経済圏構想 ══

一帯一路

- デジタル人民元の波及！
- 他国を借金漬けに！
- ドル経済圏からの脱却！
- 海洋権益を手中に！

経済とお金豆知識

民間のIT企業主導の電子マネーや情報集約は許さない──という中国共産党の方針転換は、やがてハイテク産業の衰退にもつながりかねません。欧米政府にも同様の動きがあるのは危惧されます。

8 大企業ほど「法人税の実効税率」が低いカラクリ

日本の法人税率は1980年代には43・3％でしたが、現在は23・2％です。法人にかかる税金は、これだけでなく、法人住民税や法人事業税なども あり、これらを合計した所得総額に対する割合を「法定実効税率」と呼び、現在29・74％です。

大企業やマスメディアは、これまで「日本企業の実効税率は世界と比べ高い」などと唱え、政府もそれに応えてきました。しかし、本当だったのでしょうか。何しろ、**大企業の内部留保額は2021年度に516兆円にまで膨らんでいます。**内部留保とは、企業の純利益から税金や配当、役員賞与などを除いた残りで、利益剰余金や利益準備金と呼ばれる、いわば「企業の儲けの蓄積」に相当するものです。アベノミクスの円安誘導や、消費税の輸出還付金（約6兆円）など、輸出大企業ほど利益が積み上がっています。

東洋経済オンラインが2019年11月に発表した「税負担の少ない大企業ランキング200」によれば、売上高1000億円以上の企業決算（2018年10月期～2019年9月期）から算出した法人税等負担率では、10％にさえ満たない大企業が14社、10％台が54社、20～25％の大企業が92社もあり、ランキング200位でも、26・2％の税負担率にすぎないのです。

「法定実効税率」の29・74％と比べても低く、「応能負担」による再分配は機能していません。

大企業ほど税負担が軽くなるのは、各種の減税優遇措置があるからです。左記のような税額控除の活用で、大企業はおよそ5兆円近い税額カットの恩恵を受けている――との試算もあります。「大企業ほど税制優遇される」のは政権与党への「政治献金のおかげ」――に他ならないわけです。

大企業の法人税率は「法定実効税率」より低い！

法定実効税率＝29.74%

税率10%未満 ……14社
税率10%台 ……54社
税率20～25% ……92社

東洋経済オンラインが2019年11月に発表した「税負担が少ない大企業ランキング200」で200位の企業でも税率は26.2%だった

大企業が享受する各種の減税優遇措置！

- **連結納税制度による所得金額の軽減措置**
  100%出資子会社は黒字と赤字の相殺可能
- **受取配当金の所得不算入**
  他社から株式配当を決算に反映しても所得から除外が可能
- **外国子会社配当金不算入**
  外国子会社の配当の95%までは所得不算入が可能
- **所得税額控除**
  配当収入に所得税が課せられていれば法人税からの控除が可能
- **研究開発費の税額控除**
  研究開発経費総額の25%まで法人税からの控除が可能

経済とお金豆知識

政治献金とは「合法賄賂《わいろ》」とも呼ばれます。「エビで鯛《たい》を釣る」が如く、少ない元手で大きな収穫（税率減）につながるからです。政治の不公平をもたらす「政治献金」は、諸悪の根源といえます。

⑨ 日本の政治家は世界一の高待遇！

日本は国会議員も地方議員も、「世襲議員」だらけですが、理由はいろいろあるようです。

選挙で当選するには、「地盤（地元後援会組織など）」「看板（先代からの知名度）」「カバン（政治資金管理団体の資金）」の3バンが大事とよくいわれますが、特に強みはカバンでしょう。政治家の資金管理団体は「無税」で身内に引き継げるので、親から子への「無税での相続」が行えるのです。

なお、2006年に『週刊現代』が報じて発覚した事件では、小沢一郎衆院議員の政治団体「陸山会」がゼネコンから得た6億円余の政治献金で土地を購入し、小沢議員の個人名義で登記していたことが問題になりました。建前上は政治家個人への献金は禁止ですが、政治団体経由であれば、個人資産の形成も図れるゆえんなのです。

心理学で有名な「ザイアンスの法則」には、「人は、会えば会うほど好意をもつ」という単純接触効果が謳《うた》われています。街中に張り巡らされた選挙ポスターが、昔から馴染みのある議員に似た顔立ちだったり、姓名が同じだったりすれば、親近感も湧くので、世襲であるほど当選に有利かもしれません。しかし、何が何でも自分の選挙地盤を身内に継承させたい――といった親心が働くのは、「議員が高待遇だから」といわれます。

国会議員などは、アメリカの議員よりはるかに報酬も高く、各種議員特権もいろいろ享受できます。地方議員の報酬も、外国ではボランティア報酬がふつうですが、日本ではやはり好待遇です。

左頁にあるように、国会議員は最低でも年間約5千万円の報酬が得られるし、**地方議員なら年間80日前後ほど、ちょっと議会に顔を出すだけなので暇なのに、悠々たる報酬が貰えるからです。**

国会議員はこんな待遇だ！

国会議員の報酬及び収入（年間）

区分	項目	金額
国からの現金収入	歳　費	1561万円
	期末手当	635万円
	文書通信交通滞在費	1200万円
	立法事務費	780万円
	党経由　政党交付金（分け前）	最低でも1000万円
その他の収入	政治献金（団体・個人）	
	企業の役員報酬	
	不動産収入。株などの配当金	
	パーティー券収入	
その他の現物支給	議員会館事務所の家賃・電話・水道光熱費→無料	
	赤坂などの都心一等地の議員宿舎家賃→激安（赤坂3LDK82㎡がたったの12.46万円）	
	海外視察旅行代（個別支給）	
	JR全線グリーン車乗り放題パス・その他私鉄など	
	地元との航空券往復チケット（月４回分支給）	
	議員年金（新規は廃止・勤続10年の最低水準でも月額29万円から生涯支給）	
スタッフ給与	公設秘書（第1・第２）２名＋政策秘書１名　３名分で年間2400万円	

年間約5,000万円超

国民１人250円分の税金で、年間約320億円。議員１人当たり年間4400万円に相当。1995年の導入に際して企業団体献金をやめるはずだったのに、いまだにやめていない

（スタッフ給与）← 陳情処理（口利き）と議員の当選活動（地元向け）がメイン

※（『眠れなくなるほど面白い 図解 経済の話』より）

地方議員はこんな待遇だ！

●都道府県会議員…平均年収は約2000万円超
全国に2679人もいる
（議会は年間90日程度）

●市議会議員………平均年収は約850万円
（議会は年間80日程度）

●町村議会議員……平均年収は約450万円程度
（議会は年間40日程度）

※報酬は政務活動費（別名裏給与）を含み自治体の人口規模で異なります
※地方議員の総数は3万2287人（2020年末）

経済とお金豆知識

人口３億3000万のアメリカの上下両院議員数は535人（日本は衆参で710人）で、直接報酬は1800万円程度にすぎません。調査や立法のための秘書は億円単位で雇えるものの身内雇用は禁止です。

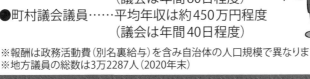

10 どうすれば「格差」を是正することができるのか？

2014年にフランスの新進気鋭の経済学者トマ・ピケティの著書『21世紀の資本』の英訳本がアメリカでベストセラーになりました。アメリカでは、08年のリーマン・ショックを端緒に、高所得者と低所得者の格差問題が浮き彫りになり、「ウォール街を占拠せよ」のデモや「1％対99％」といった対立構図が底流にあったからです。

ピケティは、15年の歳月をかけて収集した過去3世紀にも及ぶ歴史的資料から、**「資本主義においてはつねに格差は拡大し、放っておくとその不平等性から、民主主義にも危機が訪れる」**と警鐘を鳴らしました。各国の政治家は、大企業や富豪から「献金」などの支援を受け、富裕層に都合のよい制度を作りがちだからというのです。

金持ちの世襲に一定の歯止めをかけ、格差の是正を図るべしと提唱しました。

ピケティが問題視したのは経済学の定説でした。

これまでは、「資本主義の発展により、やがて富はすべての人々に行き渡る」と信じられていました。「トリクルダウン（金持ちを富ませれば、やがて貧乏人にも富が零《こぼ》れ落ちる）」もそうでした。

ピケティが提示した資本主義の根本的な矛盾を表す不等式が「r＞g」です。「r」は資本収益率、「g」は国民所得（GDP）で、ここでの「r」は、土地や建物、機械設備などの実物資本と、株式や債券などの金融資本の収益率です。ピケティは、長期的データから「r＝g」となっていれば、分配率も一定で格差が生じないものの、国民所得（労働所得＋資本所得）が、純資産のリターンよりも小さいために格差が生じると説きました。

格差を是正するには、「過剰な資本は累進課税により規制が必要」と力説したのでした。

ピケティ提示の不等式

r ＞ g

＜資本収益率＞　＜国民所得＞

資産によって得られる富は労働によって得られる富よりも成長が早いことを表しています

世襲

世襲によって富が受け継がれるのは不公平。貧しい家の子は教育のチャンスも得られず貧困が連鎖する！

低成長

GDPの成長率が低くなるほど貧富の格差が広がります。金持ちは働かずとも投資収益が得られるが、労働者は働いても所得は少ししか増えない！

ピケティは金持ちへの累進課税が必要で格差の是正を図るべきと説いた

経済とお金豆知識

格差を測る尺度に「ジニ係数」があります。完全平等なら0で、1に近づくほど格差が大きい社会を表わします。2018年の日本は0.33で、アメリカは0.39、ドイツは0.29、中国は0.46です。

今日から役立つちょっといい話③

「お金の格言」から資産形成を学ぼう!

お金についての有名な格言には、次のようなものがあります。

若い時、自分は人生で最も大切なものは金だと思っていた。今、年をとってみると、まったくその通りだとわかった——。
オスカー・ワイルド(1854~1900年・英国の劇作家・詩人)

財布が軽ければ、心は重い——。
ゲーテ(1749~1832年・ドイツの文豪)

本当に大切な自由はただ一つ、それは「経済的自由」だ——。
サマセット・モーム(1874~1965年・英国の小説家・劇作家)

お金を貯めるには「節約が大事」とは、よく聞く言葉ですが、スーパーの特売チラシを見比べ、あちこちのスーパーを巡って、数十円、数百円の「節約」

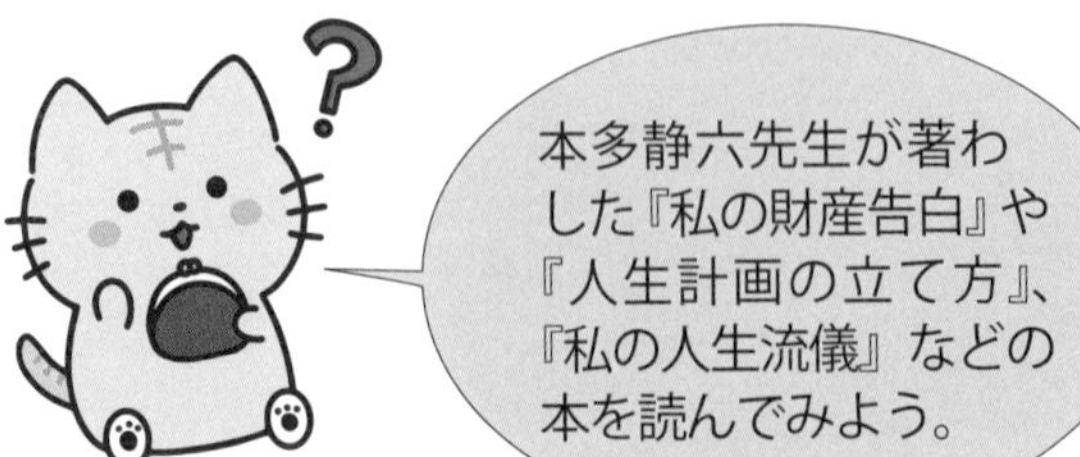
本多静六先生が著わした『私の財産告白』や『人生計画の立て方』、『私の人生流儀』などの本を読んでみよう。

に励むのは、どう考えても経済合理性に適った行動とは思えないでしょう。小さな「節約」に励んでも、「チリは積もれど山にはならない」からです。「収入よりも支出をできるだけ減らす」ことで、蓄財に励み、投資に回していくという行動では、本多静六《ほんだせいろく》博士の生活指針が大きな教えとなります。本多静六博士（1866～1952年）は、東大農学部教授を務めた林学博士で、日比谷公園や大沼公園（北海道）、大濠公園（福岡県）などを作り、「日本の公園の父」と呼ばれた人です。収入の25%を貯蓄する「4分の1天引き貯蓄」が有名で、資金をさまざまな投資に回して巨万の富を築きますが、子孫に美田を残さず、定年時に財産のほとんどを公教育などの分野に寄付しました。はじめから、「収入の4分の3しかお金はない」と肝に銘じて生活すれば、貯蓄も苦にならないと喝破していました。非常に勉強になる教えなのです。

本多静六博士の名言！

投資の第一条件は安全確実である。しかしながら絶対安全のみを期していては、いかなる投資にも手も足も出ない。だから、絶対安全から比較的安全というところまで歩み寄らなければならぬ。

金儲けは理屈でなくて実際である。計画でなくて努力である。予算でなくて結果である。その秘伝はとなると、やっぱり根本的な心構えの問題となる。

「天才マイナス努力」には「凡人プラス努力」のほうが必ず勝てる。

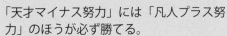

Column ③

クレカでは「リボ払い」だけは選んではいけない！

クレジットカード会社の主な収益源は次の４つです。

①カード会員の入会金・年会費

②カード会員の買い物時などに加盟店から受け取る手数料（購入額の３～７％・業種による）

③カード会員のキャッシングサービス利用での金利手数料（10～18％）

④カード会員の分割払いやリボルビング払いでの金利手数料（12～15％）

②の一括払いの時は、カード会員に負担はなく、カード会社の収入は、加盟店からの手数料だけです。④の時にはじめてカード会員と加盟店の両方からの手数料収入が生じる仕組みです。他にもカード提携で分け合う手数料、各種生損保の勧誘による代理店収入、企業のDM送付による広告料収入などもあります。当然ですが、カード会社は会員と加盟店の両方から収入を得られる④に力を注ぎます。特にリボ払いは借金額を膨らませ、期間を延ばすほどに儲かるからなのです。

第4章

人に話したくなる「経済とお金の話」

1 「ロングテール」ビジネスがオイシイ理由

従来のマーケティングでは「パレートの法則」がよく話題に上りました。「パレートの法則」とは、イタリアの経済学者パレートが唱えた一種の経験則です。たとえば、**店の売上全体の8割を占めるのは、2割の売れ筋商品によるもの――といった「2割8割の法則」などで知られます。**

人の組織においても、2割の優秀な社員が、会社全体の8割の売上をもたらす――といった例えもあります。また、自然界のアリの世界では、2割のアリしか働かず、残り8割のアリは遊んでいる――といった観察でも指摘されます。

こうした人の組織やアリの世界も、優秀な2割を除外し、残り8割だけにすると、またもや優秀な2割が出現し、全体の8割に貢献するそうです。

現実世界では、店舗の売り場面積や組織の集約人数に限りがあるため、こんな現象も起こりがちでした。しかし、ネット販売の普及によって、今度は「ロングテール」という現象が注目されます。

たとえばアマゾンの書籍販売を例にとれば、一**部の売れ筋商品の売上より、普段ほとんど売れないニッチ商品の販売集積による売上のほうが、全体の書籍売上に貢献しているからです。**ネットという仮想店舗は商品を無限に並べ、地代の安い郊外に巨大倉庫を置いて対応すれば可能だからです。

恐竜の長い尻尾のような売上曲線になるため、「ロングテール」と呼ばれ、ネット販売では映画や音楽配信などでも見られる現象です。

一方、現実世界でも、似たようなケースが散見されるようになりました。たとえばAKB48のような大人数歌手グループなどは構成員それぞれにファンがつきます。集団内の卒業と加入を繰り返していれば、息の長い人気につなげられるのです。

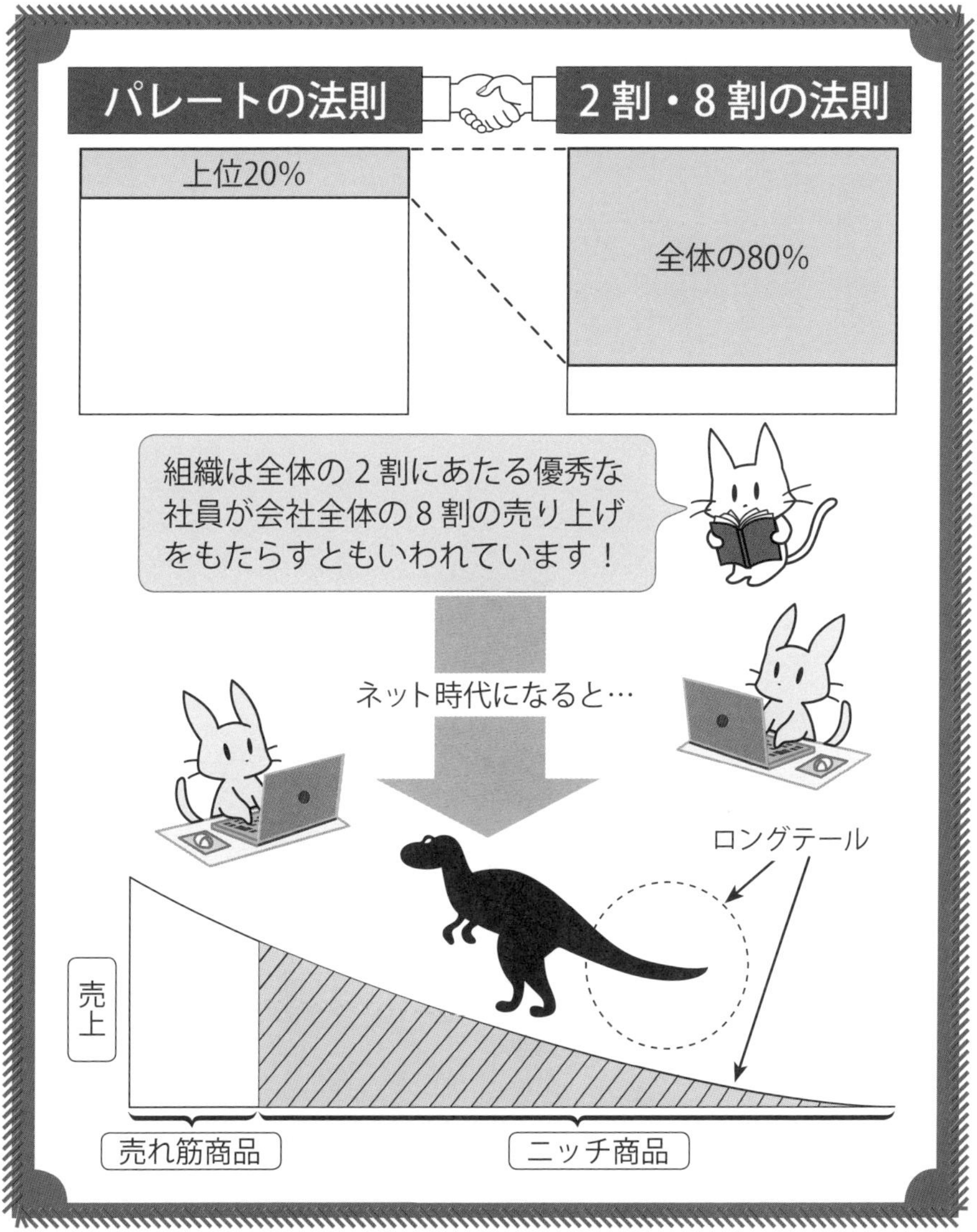
パレートの法則
2割・8割の法則
上位20%
全体の80%
組織は全体の2割にあたる優秀な社員が会社全体の8割の売り上げをもたらすともいわれています！
ネット時代になると…
ロングテール
売上
売れ筋商品
ニッチ商品

経済とお金豆知識

商売としては「ロングテール」が安定しています。まんべんなく商品が売れていくのですから、経営のかじ取りも楽になります。しかし、大手IT企業にできても、リアルな商売では非現実的です。

2 「投資」で騙される人が後を絶たない理由

政府は貯蓄よりも投資を勧めます。将来は年金も生活保護も当てにならず、老後資金を自助努力で確保させたいからに他なりません。

しかし、いざ投資しようと退職金を得たばかりの高齢者が銀行や証券会社の窓口に行っても、手数料の高い投資信託やファンドラップなどを勧められ、結局元本割れで大損させられます。

販売手数料で2〜3%、信託報酬手数料で毎年1・5%取られると、1000万円投じても、瞬くうちに40〜50万円も掠《かす》め取られます。2018年3月時点の金融庁調査でも、銀行の窓販で投信を買った客の46%が含み損を抱えさせられているのです。銀行や証券会社の社員は、客の資産を増やすより、目先の手数料収入や自分のノルマ達成のほうが大事ですから当然でしょう。

独立系で「お金の専門家」と称するFP《ファイナンシャルプランナー》の人に相談に行っても、大抵のFPは貧乏で自分の資産形成さえできていない人達なので、手数料稼ぎで提携する金融商品を勧められてカモにされます。

そもそも貧乏な人に投資指南を仰ぐことが野暮なのです。そんな状況ゆえに、「あなただけに特別に教えます」とか、「3年で投資したお金が2倍になる儲け話があります」などと近寄ってくる赤の他人にも簡単に騙《だま》されます。巧妙にリターンを偽装して、「こんなに多くの人が儲かっている」などと説明されて信用し、虎の子を巻き上げられる人達が、毎年数万人単位で存在するのです。心理学でいう「認知バイアス」の成せる業といえます。

騙されやすい人は、気をたしかにもち、冷静に合理的に判断すべきです。調子のよい「儲け話」は、「そんなに儲かるなら、人に教えないで自分一人だけで儲けてなさいよ」と撃退することです。

騙された人がこんなにいる！

2007年	2007年	2008年	2009年
平成電電 1万9000人 被害額490億円	近未来通信 3000人 被害額400億円	ワールドオーシャンファーム 3万5000人 被害額849億円	L & G 3万1000人 被害額540億円

2011年	2011年	2017年
夢大陸 400人 被害額67億円	安愚楽牧場 7万3000人 被害額4200億円	ジャパンライフ 1万人 被害額2100億円

投資で騙される人の"認知バイアス"とは？

- 感情バイアス…こんなに儲かる投資に出会えて自分はラッキー。
- 正常性バイアス…儲けた人たちがこんなにいる。自分もやろう。
- 集団同調性バイアス…こんなに多くの人が参加しているから安心。
- 正当化バイアス…自分はツイてる！ もっと追加投資をしよう。
- 喪失不安バイアス…途中でやめたら今までの投資が無駄になるので続けよう。

こんなにあるヤバい投資商品

未公開株・新規社債・仮想通貨（暗号資産）、海外不動産・私募ファンド・太陽光発電・海外ファンド、CO^2 排出権取引・水資源・鉱山採掘権取引…など

経済とお金豆知識

民間業者が「元本保証」や「高利回り」を謳《うた》っていること自体おかしいと思わなければなりません。しかも業者にお金を託した「お任せ」での投資運用となれば、たいていは自転車操業なのです。

3 海外送金が「迅速」「激安」になった理由

これまで日本の銀行から、外国の銀行口座への送金は、送金額の1割近くも手数料がかかることがありました。たとえば、最初に日本の銀行で提示された「送金手数料」は確定していても、最後に着金した銀行では、中継銀行経由で次々に手数料が差し引かれ、送金額の6〜9％も目減りしたうえ数日かかるボッタクリの仕組みだったのです。

これは、**日本の銀行から送金する相手先の銀行が、直接コルレス契約（為替取引の条件を定めた契約）を結んでいないと、協定を結ぶ銀行間を経由するため、次々手数料が差し引かれたためです。**

この非効率な銀行間送金システムは、ベルギーに本部を置く国際銀行間通信協会（SWIFT）が仲立ちしていたものの、銀行が儲かるので長年放置してきた制度でした。世界銀行の調査では、顧客が負担する手数料平均は6・8％にも及んでいたのです。2019年の世界銀行推計による海外送金額は7142億ドル（約78・5兆円）でしたから、銀行はボロ儲けができたゆえんです。

これに風穴を開けたのが、英国に本社を置くトランスファーワイズ社でした。2011年に英ポンドとユーロ圏で送金サービスを始め、今や世界80か国で取扱額は1日平均200億円以上の規模です。日本でも2016年からサービスが始まり、手数料は0・7％で送金は24時間以内です。

このシステムは、銀行業の免許をもたない闇営業の地下銀行の送金システムとそっくりです。世界中の銀行にトランスファーワイズの口座を作り、ネットで口座情報だけをやり取りする仕組みだからです。この会社の創業者で共同CEOのクリスト・カーマン氏はIT先進国エストニア出身で、数学とコンピュータの専門家だったのです。

今までの銀行間の「送金事情」！

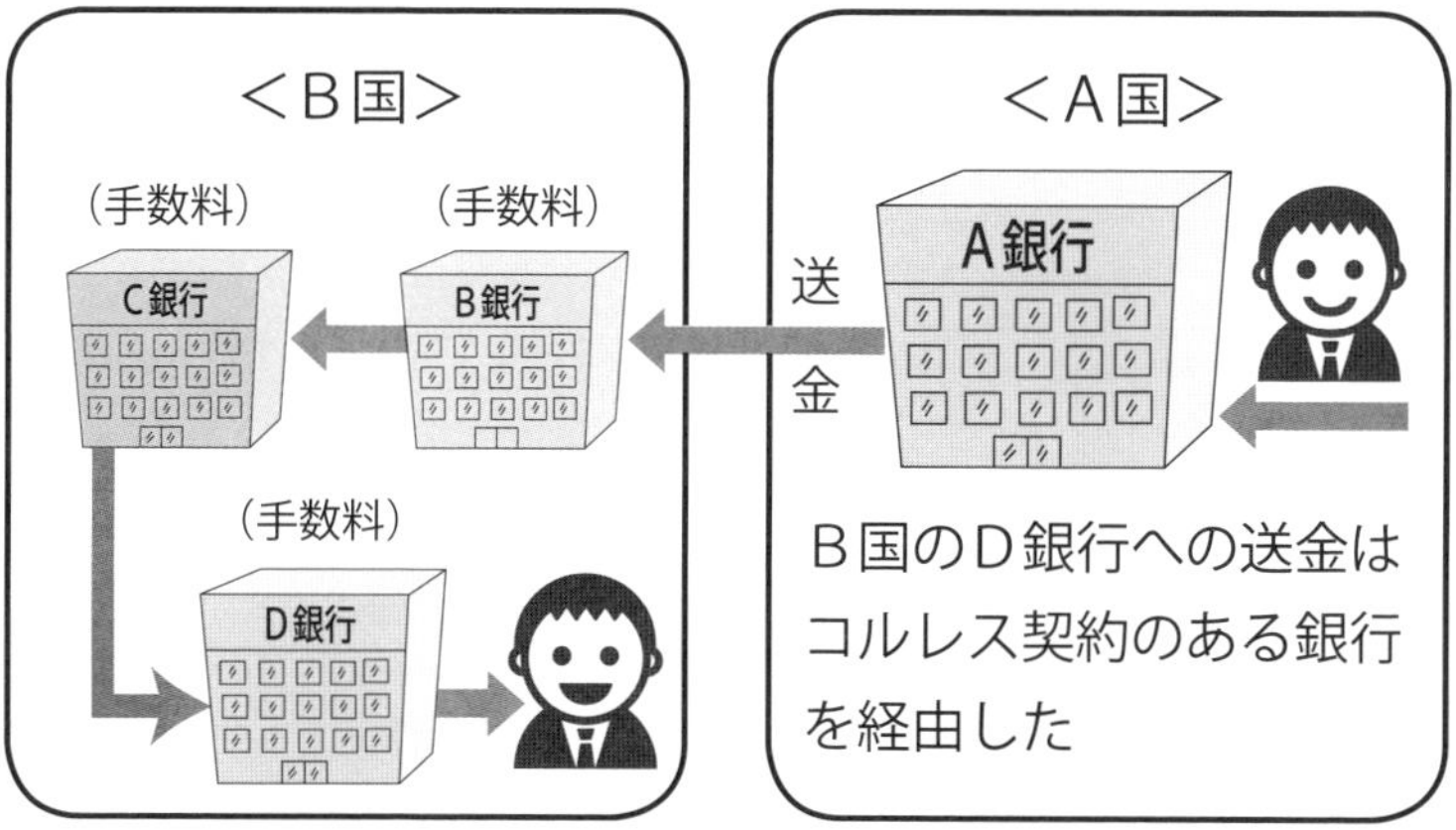
＜B国＞
＜A国＞
（手数料）
（手数料）
C銀行
B銀行
送金
A銀行
（手数料）
D銀行
B国のD銀行への送金はコルレス契約のある銀行を経由した

※バカ高い手数料がかかっていた！

トランスファーワイズの送金システム！

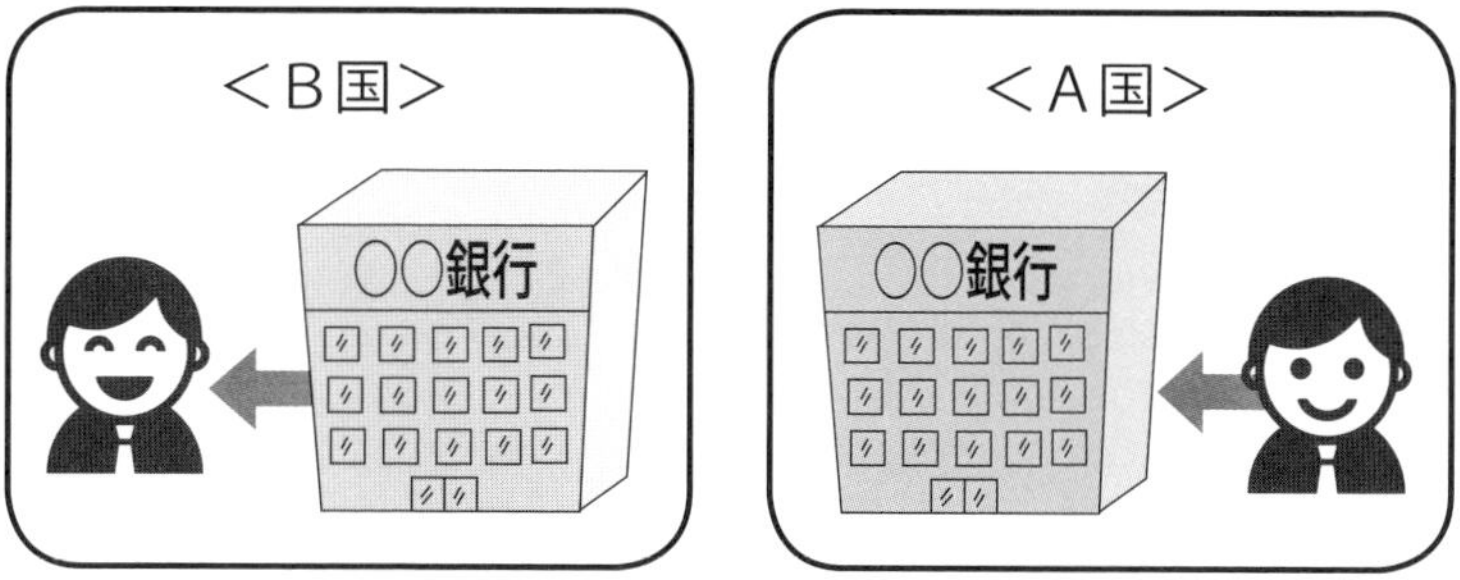
＜B国＞
＜A国＞
○○銀行
○○銀行

※世界中にあるトランスファーワイズの口座同士の情報のやりとりなので手数料は激安！これは地下銀行のしくみにそっくりです！

経済とお金豆知識

香港に住む中国人と異なり、本土の中国人が海外の不動産を購入する時は、違法の「地下銀行」利用か「アリの引越」という送金方法です。後者は海外持出枠５万ドルを手分けしての送金です。

④ 日本の「国民皆保険制度」がもたなくなる？

高齢者が増えれば医療費も増えます。しかし、2020年は新型コロナの影響で、受診者が減り、1兆円近い医療費が減ったというニュースも流れました。国民皆保険で誰でも病院に通っていたのが、皮肉にも大幅に改善したのでした。2019年度の医療費は約43兆円、そのうち2割が薬剤費で、医療費の伸びで問題なのが薬剤費でした。

2014年に保険適用されたオプジーボは、当初は皮膚がんの治療薬で薬価は100㎎で73万円もしました。この薬は一定期間点滴に用いられますが、体重60キロの成人男性が1年間使用で3500万円です。3年間で1億円を超えます。

その後、**オプジーボは、肺がんにも効果があると認められ保険適用され、薬価も4分の1に下がりましたが、それでも高額な薬価であるのは変わりません。**この後も、次々に高額な新薬が保険適用されます。C型肝炎の治療薬ソバルディは約520万円、脊髄損傷のステミラックは1500万円、急性白血病のキムリアは3350万円、脊髄性筋萎縮症のゾルゲンソマは1億6700万円です。

こうした高額治療薬を使っても、**日本の健保制度では、「高額療養費制度」があり、患者負担はわずかです。**しかし、高額な新薬が次々保険適用されると、世界に誇る日本の国民皆保険制度ももたなくなりそうで薬価の引き下げは喫緊の課題です。

もともと製薬メーカーの薬価には問題がありました。高血圧症、糖尿病、高脂血症という生活習慣病の基準値も次々改定されて厳しくなり、治療薬の適用範囲はどんどん拡大したからです。製薬メーカーは、金の力で医師も薬局もWHOも巻き込み、儲けを拡大するべく画策してきました。

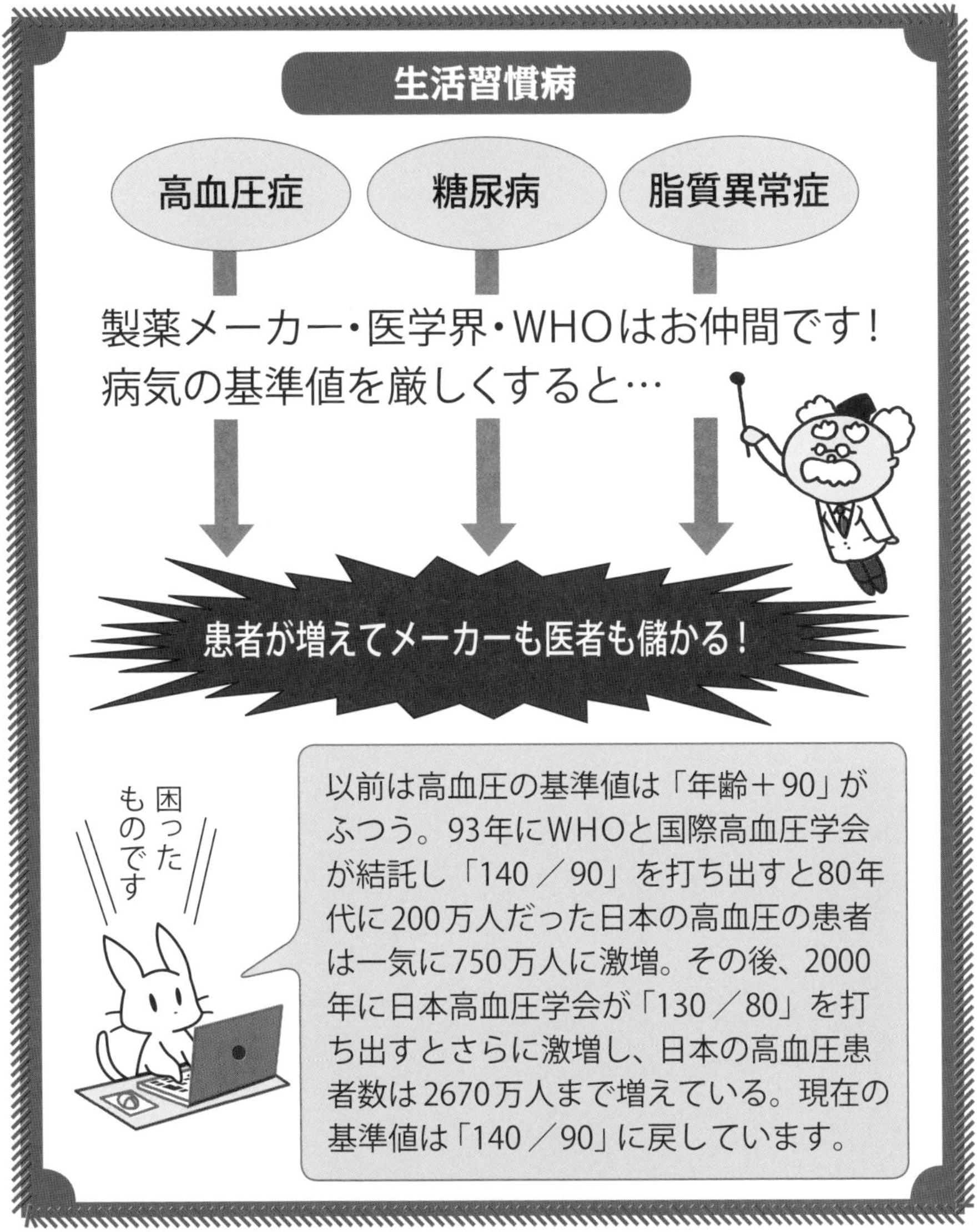
生活習慣病
高血圧症
糖尿病
脂質異常症
製薬メーカー・医学界・WHOはお仲間です！
病気の基準値を厳しくすると…
患者が増えてメーカーも医者も儲かる！
困ったものです
以前は高血圧の基準値は「年齢＋90」がふつう。93年にWHOと国際高血圧学会が結託し「140／90」を打ち出すと80年代に200万人だった日本の高血圧の患者は一気に750万人に激増。その後、2000年に日本高血圧学会が「130／80」を打ち出すとさらに激増し、日本の高血圧患者数は2670万人まで増えている。現在の基準値は「140／90」に戻しています。

経済とお金豆知識

健保適用の薬価は、国が定める公定価格です。メーカーは薬の性能や薬価の根拠、予測投与患者数などを厚労省に審査申請します。しかし、薬の開発費は企業秘密の壁に阻まれ、実は闇の中です。

５ FIRE《ファイア》が実現可能な純資産はいくらか

米国のミレニアル世代の間でブームになった言葉に「FIRE《ファイア》」があります。まず、ミレニアル世代とは、新世紀の２０００年以降に成人を迎えたインターネットを使いこなせるデジタルネイティブ世代の人達のことです。この世代の人達は、旧世代のようにフルタイムで馬車馬のように働く生活や人生には否定的といわれます。

それゆえに、**理想的な人生設計として注目を集めるようになったのが、「経済的自立で早期リタイア」を目指す「FIRE」だったのです。**

FIREは「Financiar Independence, Retire Early」の略です。大金持ちになってからリタイアするのではなく、資産の４％の不労所得を得て年間生活費を賄《まかな》うという考え方が基本にあります。

年間２５０万円で生活できる人は、６２５０万円の資産が必要で、年間４００万円の生活なら1億円必要になります。年間生活費の25倍の資産を有し、それを年利４％で運用していければ資産を減らさずにFIREが可能となるわけです。もちろん、４％以上で運用できれば資産も増えます。

しかし、社会人になって、20年程度の期間で、しかるべき資産を形成するのは可能でしょうか。

年間４００万円の不労所得を得る生活には、４％ルールで1億円必要ですが、20年で1億円だと毎年平均５００万円貯める必要があります。

手取り収入が５００万円にも満たなければ、到底無理な話といえるのです。そこで登場するのが、レバレッジ（てこの原理）でしょう。今は低金利なので多額のお金を借り、それを不動産などに投じてお金を殖やせる——とアピールする業者も多いのです。しかし、投資は元本を一気に減らすリスクも大きいものです。くれぐれもご用心を。

資産の4%運用で生活する「FIRE」とは?

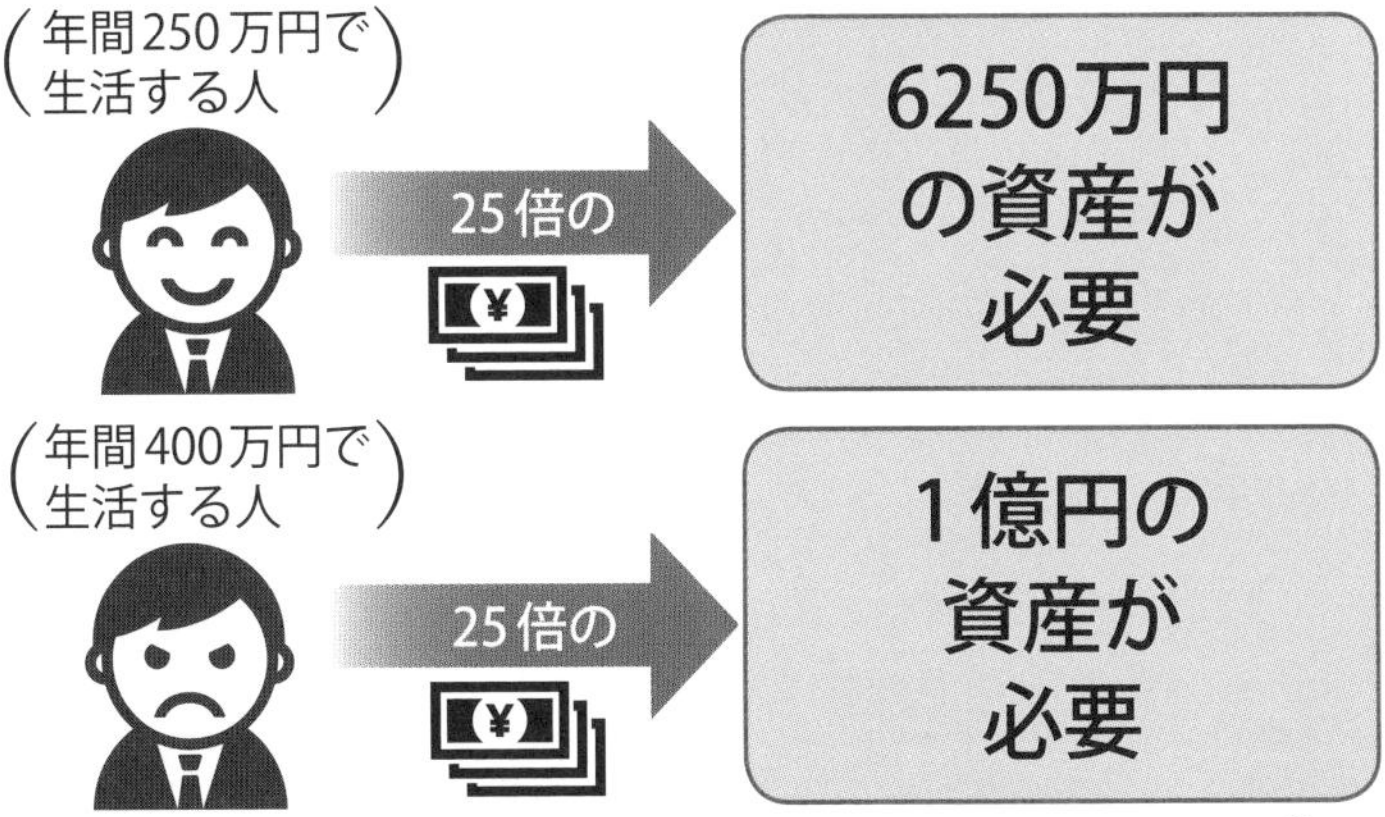

（年間250万円で生活する人）
25倍の
6250万円の資産が必要
（年間400万円で生活する人）
25倍の
1億円の資産が必要

レバレッジは元金と比較して大きな取引ができる利点がありますが、大きな損失をしてしまう欠点もあります!

レバレッジで投資をする人

¥

レバレッジが大きいとリスクが高い

＝

1. 5000万円でアパート購入（頭金500万円）
2. 4500万円を金利2.2%で借り入れ⇒実質利回り7%の家賃収入なら（7%−2.2%＝4.8%）のイールド・ギャップ（物件の表面利回りと借入金利の差）が生かせる。これで資産形成を狙う!

経済とお金豆知識

昔から資産形成の極意は「長期」「分散」「積み立て」とされます。40代でFIREするとなると、社会人になってから20年そこそこの時間です。そのため、FIREを焦るとリスクも極大化します。

6 「公正証書遺言」作成で「争族」を増やしている理由

検事や裁判官は、63歳や65歳の定年退官後弁護士になっても、顧客もいないので稼げません。

しかし、法務省管轄の全国に約300ヶ所ある公証役場の公証人（約500名いる）になれれば、70歳の定年までシコタマ荒稼ぎができます。

大都市の公証人なら年間3千万円以上の売上になり、経費やら僻地《へきち》の公証人への助成金を除いても年収2千万円はくだらないからです。公証人の仕事は公正証書認証ですが、身分は準公務員扱いながら、不可解なことに「独立採算制」なのです。

これがヤバイ仕事をこなす原因となり、手数料稼ぎの悪徳認証を横行させます。かつて本人確認が不要の時代には、貸金業者が融資先からの「公正証書認諾《にんだく》委任状」を根拠に、無期限契約や根保証額を勝手に膨らませた契約書をバンバン認証し、破産者を続出させました。また、遊興費を経費に紛れ込ませて脱税を図り、追徴課税の対象になったりと、元裁判官や元検事とは思えないほど順法精神がないのです。日本公証人連合会によれば、2019年の公正証書遺言は11万件を超え、07年の1・5倍にも上ります。これが、相続発生時の家族間や兄弟間での「争族」を生んでいます。

弁護士や司法書士は、公証人の認証がデタラメなことを心得ています。ゆえに寝たきりで口も利けない認知症老人の面倒を見る特定家族の言いなりでの「遺言」をまとめ、公証人を出張させ、公正証書遺言でっち上げに加担させます。弁護士や司法書士は事務所の職員2名を証人として老人の枕元に同席させ、密室で特定家族の「遺産丸取り」の公正証書遺言を作るわけです。遺産には法定遺留分がありますが、それすら生前贈与した遺言にするため、残された遺族は「争族」になるのです。

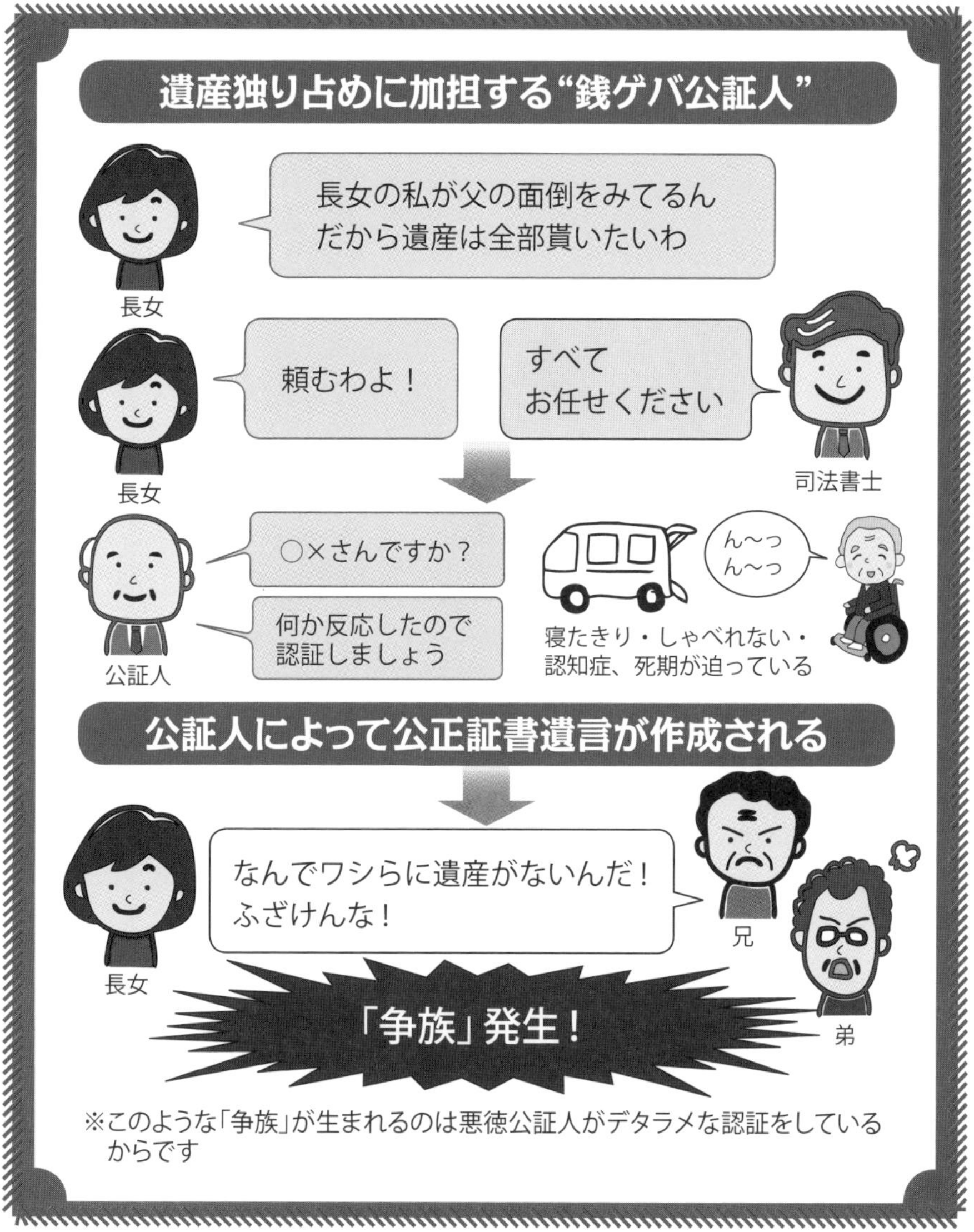
遺産独り占めに加担する“銭ゲバ公証人”
長女の私が父の面倒をみてるんだから遺産は全部貰いたいわ
長女
頼むわよ！
長女
すべてお任せください
司法書士
○×さんですか？
何か反応したので認証しましょう
公証人
ん〜っ ん〜っ
寝たきり・しゃべれない・認知症、死期が迫っている
公証人によって公正証書遺言が作成される
なんでワシらに遺産がないんだ！ふざけんな！
長女
兄
弟
「争族」発生！
※このような「争族」が生まれるのは悪徳公証人がデタラメな認証をしているからです

経済とお金豆知識

公証人が認証した公正証書遺言は、内容が不満で裁判を起こしても負けます。裁判官も公証人の味方だからです。遺言者が替え玉だったり、認知能力がなく無効とされたケースは稀なのです。

7 年収が多い人ほど「不動産投資」に走る理由

左頁の表をご覧いただくと一目瞭然ですが、**給与所得としての年収が上がるほど、手取り収入の比率は下がります。**所得税の累進構造によって税率が上がるのと、住民税や社会保険料（健保・年金・雇用など）の負担額もアップするからです。

年収が400万円なら、所得税率も5％（8万円）ですみ、住民税約18万円（前年所得に課税）、社会保険料約62万円の合計で88万円程度の控除額ですが、年収が800万円を超えるとエライことになります。

年収800万円だと、所得税率は20％にもなり、約45万円です。住民税も約45万円で、社会保険料は約120万円となり、合計控除額は210万円程度にもなるからです。

年収400万円の手取りは312万円ですが、年収800万円でも手取りは590万円、年収1千万円でも手取りは723万円程度なのです。

年収2千万円とかになると、もっと悲惨です。

年収2千万円の手取りは、たったの1292万円しかないからです。これでは、頑張って働くほどに、重税感に押し潰されてしまいます。

そこで節税と将来の資産形成のために登場するのが「不動産投資」になります。所得税法上の「損益通算」を利用できるからです。これは、給与の黒字を事業の赤字で相殺する方法です。不動産を購入して家賃収入が発生しても、運用コストを差し引くと、たいてい赤字が生まれるからです。

最も大きなコストが、「減価償却費用」です。

左頁にある通り、**不動産での赤字分を、給与所得で納めた所得税から差し引き、確定申告書を提出すると、税金が戻ってくるのです**（還付申告）。

そして翌年からの住民税も下がるわけです。

収入が増えても「手取り」は少ない!

課税される所得金額	税率	控除額
195 万円以下	5%	0 円
195 万円以上 330 万円以下	10%	97,500 円
330 万円以上 695 万円以下	20%	427,500 円
695 万円以上 900 万円以下	23%	636,000 円
900 万円以上 1800 万円以下	33%	1,536,000 円
1800 万円以上 4000 万円以下	40%	2,796,000 円
4000 万円以上	45%	4,796,000 円

- 社会保険料(健保・年金)=標準報酬月額×15%
- 所得税
  ①給与収入-給与所得控除=所得金額
  ②所得金額-所得控除=課税所得金額
  ③課税所得金額×所得税率=所得税額
- 住民税=課税標準額(所得金額-所得控除)×10%

(概算:万円)

年収	手取り
200	160
300	236
400	312
600	458
800	590
1000	723
1500	1016
2000	1292
3000	1773
5000	2722
6000	3161
10000	4918

「損益通算」で税金を取り戻す(還付)!

※給与年収1500万円(所得税212万円、住民税110万円)の人が築12年の木造アパートを頭金500万円+ローン4500万円の計5000万円(建物3000万円)で購入した場合は…

法定耐用年数	
木造	22 年
軽量鉄骨	27 年
重量鉄骨	34 年
RC(鉄筋)	47 年

不動産収入		不動産コスト		
• 家賃収入 340万円	-	• ローン利子(建物分) 55万円 • 修繕費 60万円 • 不動産管理費 18万円 • 水道光熱費 3.6万円 • 損害保険料 2.8万円 • 固定資産税 6.5万円 • 減価償却費 250万円 (合計395万円)	=	不動産所得の赤字55万円

所得税率33%ならば55万円×33%=18万1500円の税金が取り戻せる!

※コストは、この他に不動産会社の仲介手数料や広告費、ネット経費、巡回交通費なども加算できる

経済とお金豆知識

「減価償却」は、固定資産の購入費を使用可能期間(法定耐用年数)で分割し費用計上する会計処理方法です。時間とともに価値が減少する資産を「減価償却資産」と呼び、一括計上は不可です。

8 「犬の散歩代行業」で年間1千万円稼げる!?

ペットとして飼われる犬は、２００８年の１３１０万頭をピークに減少し、19年には８８０万頭に減りました（ペットフード協会）。一方、猫の飼育頭数は９７８万頭で微増しています。

犬より猫のほうが飼う手間がかからず、猫は病気や事故のリスクから、「完全室内飼い」も可能だからでしょう。

犬は散歩をさせないとストレスを溜めます。運動不足による肥満や糖尿病、循環器疾患のリスクの他に、ストレスによる皮膚炎や脱毛、無駄吠えや噛み付きなどの暴走行為に走ることもあるそうです。自分の体の一部をしつこく舐めたり、噛んだりするのはストレスサインとされています。

犬の平均寿命は14歳前後ですが、**飼い主の高齢化が進み、体調悪化によって、散歩をさせられない飼い主も増えています。そうしたニーズに支えられているのが「犬の散歩代行業」です。**

さまざまなペットサービスのうち、犬の散歩の料金体系は、利用者も富裕層ゆえに結構高めです。１回30分の2キロの散歩で、小型犬で２０００円、中型犬で２５００円、大型犬で３０００円というのが大体の相場になっています。

自治体に第一種動物取扱業の登録をして、利用者には事故や怪我に備えたアニマル保険に別途加入してもらい、チラシを撒けば、いつでも誰にでも始められるビジネスなのです。リストラに遭遇したお父さんなどにはもってこいの商売でしょう。

早朝の4時頃から、自転車やバイクで飼い主宅に向かい、一日に10頭もこなせば、一日2万円超の収入になり、１カ月60万円で年収７２０万円程度になるのです。家族で散歩を分担し、**頭数を増やせば、年収1千万円超えも可能といえます。**

犬の「散歩代行」で年収1千万円が稼げる！

犬好きに最適！
健康によい！

料金相場は

＜小型犬＞

2000円～

＜中型犬＞

2500円～

＜大型犬＞

3000円～

※家族で分担したり横の連携をとっておけば休業して海外旅行へも行けます。
※雨天は休業する人もいます。

経済とお金豆知識

近年は「犬の散歩代行業」に付随させる形で、躾《しつけ》やマナー、特別な技能訓練を施すなどで、業務範囲や料金単価の向上を図る業者も増えています。飼い主の旅行時の見守りや預かりなどもあります。

9 「転売ビジネス」が流行っている理由

転売ビジネスには、20～30万人が参加しているといわれます。人気の理由は、副業として気軽に始められ、毎月数万円のお小遣い稼ぎができるからですが、「古物商」の免許を取り、毎月数百万円単位で仕入れるプロになる人までいるのです。

　転売ビジネスが広がったのは、古本屋やブックオフなどで、高く売れそうな本を探し、アマゾンややフオクで転売して差額を儲ける「せどり」の流行がキッカケといいます。今では、スマホを使って転売できる「メルカリ」や「フリマ」「ヤフオフ」なども大人気になっているほどなのです。

「安く仕入れて高く売る」のが商売の基本ですが、家電量販店の格安ワゴンセールで、３９８０円のヘアドライヤーを購入し、アマゾンで６９８０円で売れば３０００円の差額となり、手数料と配送料を引いても２０００円の利益が出るのです。

リサイクルショップや家電量販店、ホームセンターやドラッグストアなどの実店舗では、必ず一定期間内にセールを行います。商品入れ替えのためや、在庫見切り品が必ず出るからです。

　これを効率よく購入し、アマゾンやメルカリに出品し、売れた価格との差額が大きいほど利益も大きくなります。ネット環境は24時間つながっているので、主婦やサラリーマンの夜間の副業としても悪くはないでしょう。

　なお、アマゾンやメルカリで、転売ビジネスに乗り出すにあたっては、自分の所持する不用品を売る程度ならば、「古物商」の許可は必要ありません。しかし、**次々と仕入れた商品を転売したり、毎回複数の商品を同時販売していると、「反復継続性」があることになり、「古物商」の許可を取っておく必要があります。**この点は気をつけましょう。

転売ビジネスが大流行!

《せどり》

古本屋やブックオフでネットで高く売れそうな本を仕入れる

↓

アマゾンやヤフオクで高く売る!

《ネット転売》

量販店などの格安ワゴンセールで高く売れそうなモノを仕入れる

↓

アマゾンやメルカリで高く売る!

これらの転売行為は、反復継続性があると「古物法」違反になります。

チケットの高額販売は禁止!

2019年6月から「チケット不正転売禁止法」が施行され、ネット上の高額転売が禁止されるようになりました。それまではコンサート会場などのダフ屋行為を都道府県の「迷惑防止条例」で取り締まっていたものの、ネット上での高額転売は適用除外だったのです。不要になったチケットはリセールサイトで換金しましょう。

経済とお金豆知識

2020年5月には、コム・デ・ギャルソンの社員(24歳)が、自社製の古着3着を仕入れ、ネットで転売し、5万7千円の利益を得たとして摘発され、書類送検されました。反復継続が問題でした。

10 生活保護者を食い物にする「無料低額宿泊所」！

「貧困ビジネス」と呼ばれる貧困者を食い物にする商売があります。なかでも酷《むご》いのが「無料」や「低額」を謳う宿泊所ビジネスです。２０１8年時点で全国に約５７０施設あり、約1万7０００人を収容していますが、9割以上が生活保護受給者です。

この他にも、無届けの事業者が多く、生活保護受給者の保護費を8～9割搾取し、保護者を狭いタコ部屋に閉じ込める業者も多く見受けられます。

生活保護費には、8種の「扶助」があり、物価や住宅費などが高い東京23区の支給額が一番多く、20～40代の単身者だと「生活扶助」で約7万9千円、「住宅扶助」で限度額5万３７００円まで受給でき、総額は13万円程度になります。

宿泊事業者は、ホームレスやネットカフェ難民に「住居を提供し、生活保護費を受給できるようにしてやる」と持ちかけて、収容者を確保しています。まず「住所」がないと生活保護費が受給できないからです。そして事業者は、入所者の部屋として、ベニヤ板で仕切られただけの狭小で劣悪な空間に、使い古しのダニだらけの布団をあてがいます。食事は、カップ麺や菓子パンなどを配り、他にもさまざまな名目で、生活保護費の大部分を金銭管理と称して徴収します。入所者が使えるお金は、わずか1～2万円です。

こんな悪質業者に対しても、行政は立ち入り検査も行っていません。立ち入り基準が明確でないからです。事業者はNPOが多いのですが、個人でも始められるので、悪質な参入事例が後を絶ちません。２０１０年には、全国で21施設を展開する業者が5億円の脱税で摘発されています。

自治体が入所者を斡旋するなど、不透明な構図も続き、税金が悪質業者に蝕《むしば》まれている状態です。

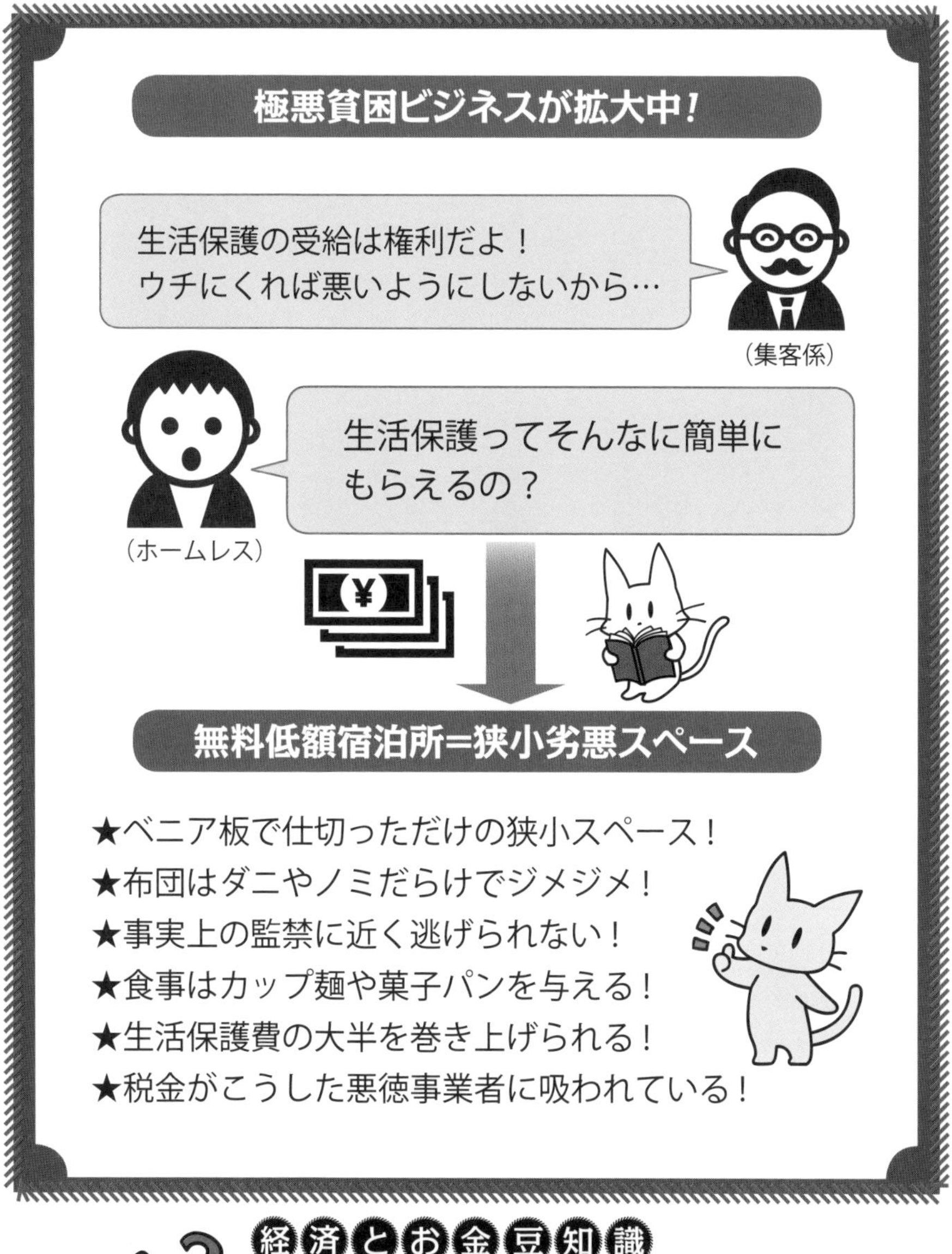
極悪貧困ビジネスが拡大中！
生活保護の受給は権利だよ！
ウチにくれば悪いようにしないから…
（集客係）
生活保護ってそんなに簡単にもらえるの？
（ホームレス）
¥
無料低額宿泊所＝狭小劣悪スペース
★ベニア板で仕切っただけの狭小スペース！
★布団はダニやノミだらけでジメジメ！
★事実上の監禁に近く逃げられない！
★食事はカップ麺や菓子パンを与える！
★生活保護費の大半を巻き上げられる！
★税金がこうした悪徳事業者に吸われている！

経済とお金豆知識

上記と同様の施設に無届け老人施設があります。2009年には群馬県の施設で、夜間管理者も置かず、鍵をかけて老人たちを閉じ込めていたため火災が発生し、10人が亡くなった事故があります。

経済とお金 今日から役立つちょっといい話④

多くの日本人は「要介護」でも有料老人ホームに入れない現実！

「健康寿命」とは、WHOの定義では、平均寿命から疾病、衰弱、認知症などの要支援や要介護が必要な「健康でない状態」の期間を差し引いたものです。日本人の平均寿命は、男性81歳、女性87歳ですが、「健康寿命」は男性71歳、女性74歳です。死ぬまで健康でいられるわけではないのです。2060年には、国民の4割が65歳以上の高齢者です。この頃には、医療費も現行の負担率（69歳まで3割、70歳～74歳2割、75歳以上1割）では賄えず、4割～5割負担にもなるでしょう。年金財政も底をつき、減額の上で70歳からの支給も予想されます。将来は今以上に老後資金が必要になるはずです。

2000年から始まった介護保険制度ですが、これも現行の1割負担では維持が困難で負担増になるでしょう。現在、費用が安い公的な介護保険施設の「特別養護老人ホーム」が全国に9700あっても入所待ちが多く入れません。となると民間の「サ高住（サービス付高齢者住宅）」や「有料老人ホーム」が候補ですが、費用は安くないのです。2014年末に、介護職員が3人の高齢者をベランダから投げて殺害した事件で注目された神奈川の施設は、リーズナブ

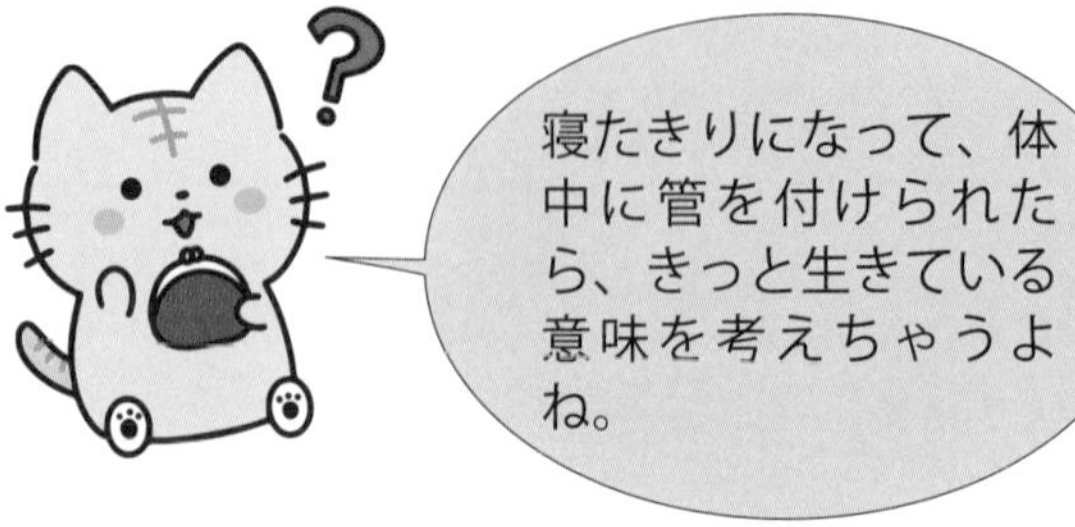
寝たきりになって、体中に管を付けられたら、きっと生きている意味を考えちゃうよね。

ルな有料老人ホームとして人気でした。入居一時金ナシ、家賃15万1500円、管理費3万4560円、食費3万5640円の合計22万1700円だったからです。一時金ナシだとふつうは月額30万円台からになります。

しかし、夫婦2人の平均年金受給額が22万円程度では、どちらかが要介護になっても、この施設でさえとても入れません。となると、究極の貧困ビジネスで流行の「無届介護施設」に入るよりなく、これなら10万円台からありますが、大部屋・不潔・雑魚寝の劣悪環境で、入所を想像したくもありません。日本は「寝たきり大国」といわれます。病院や施設での過剰医療で無理やり延命させているからです。

施設の世話にならず、ピンピンコロリで死ぬためにも、週1で運動し、発酵食品を多く摂り、禁煙・節酒を心がけ、睡眠を十分とることが大事なのです。

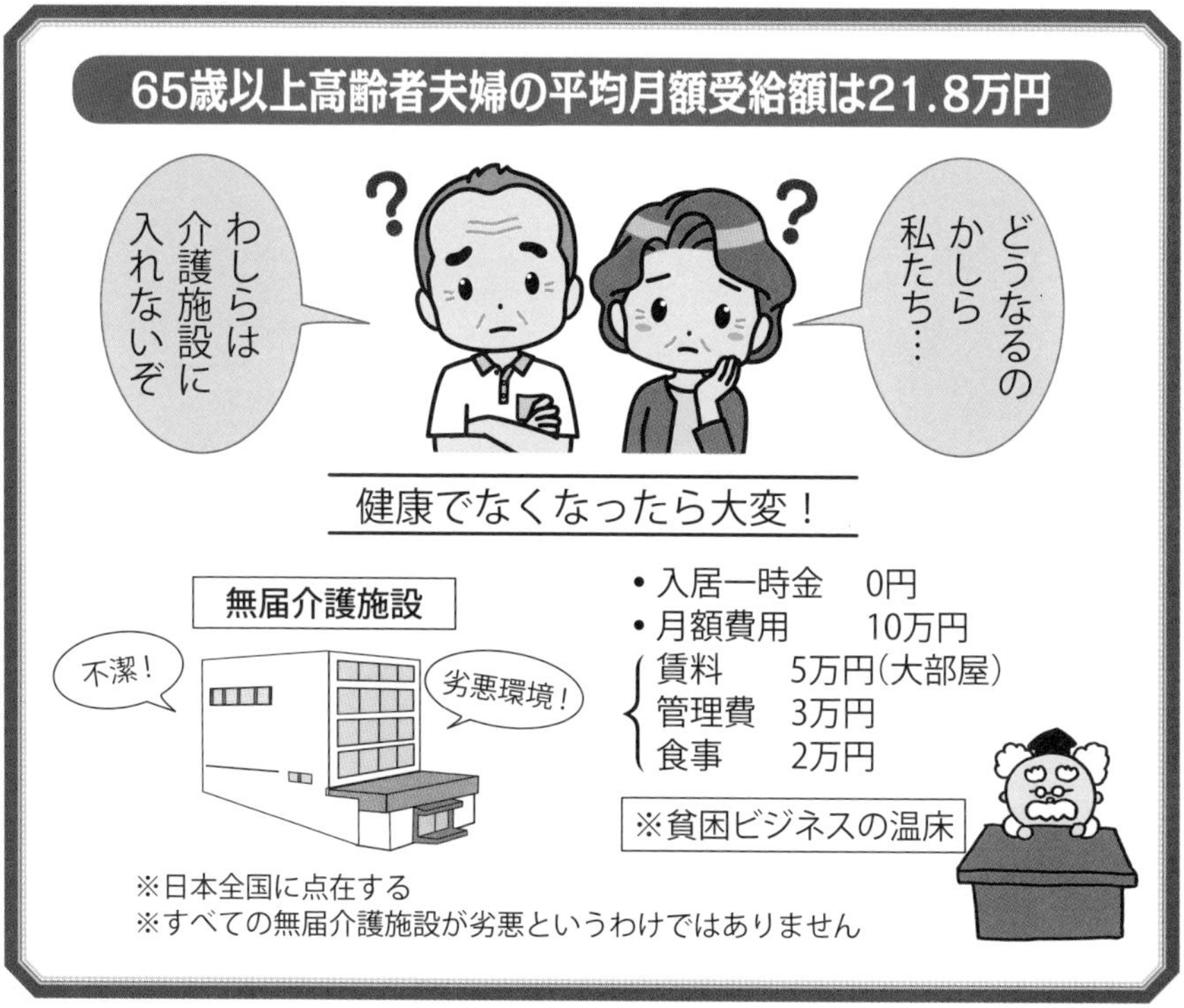
65歳以上高齢者夫婦の平均月額受給額は21.8万円
どうなるのかしら私たち…
わしらは介護施設に入れないぞ
健康でなくなったら大変！
無届介護施設
不潔！
劣悪環境！
・入居一時金　0円
・月額費用　10万円
賃料　5万円(大部屋)
管理費　3万円
食事　2万円
※貧困ビジネスの温床
※日本全国に点在する
※すべての無届介護施設が劣悪というわけではありません

Column ④

「小口化投資ファンド」は有望市場となれるのか?

不動産への小口化投資ができる代表格はREIT《リート》が有名です。上場不動産投資信託ゆえに流動性も高く、分配金利回りも3～4%台が中心です。ところで近年は、小口化投資商品の概念が変わってきています。ネットのクラウド（群衆）利用でインカムゲインを狙う小口化投資が増えてきたからです。プラットフォームが続々生まれ、2020年には2000億円の規模をゆうに超えました。こうした「クラウドファンディング」の中でも人気なのが不動産や事業への投資でリターンを得る「投資型」です。元本保証はないものの、投資期間が半年から1年で、平均利回りもREITを上回ります。また、事業への「融資」が核となる「ソーシャルレンディング」も続々登場しました。ただし、高利回りでも集められた資金が目的外流用される不祥事もしばしば発生、ついに最大手プラットフォームのSBIソーシャルレンディングは撤退に追い込まれます。この市場は黎明期ゆえ、開示された情報の判断も難しいのです。

第5章

日常生活に関係する「経済とお金の話」

1 マイナンバーカードがなかなか普及しない理由

2013年5月に安倍政権下で誕生した「マイナンバー法」は、15年から個人番号通知カードを配り、16年1月から税金（所得税・住民税）、社会保障（年金・健保・雇用）、災害の3分野に限っての「情報紐づけ」で運用開始しました。自治体に個人番号の申請を行うと身分証代わりになる写真入りマイナンバーカードが交付されるのです。

しかし、普及は遅々として進みませんでした。

キャッシュレス決済サービスで、1人最大5千円貰えるといった、さもしい交付促進策まで動員した挙句、ようやく2021年4月にカード交付率が国民の3人に1人程度まで進んだくらいです。

なぜ、カードの普及が進まないのでしょうか。

指摘されるのは「メリットが薄い」「紐づけ情報の行政の一元把握が嫌」「本人成りすましや漏洩が怖い」などの他「マイナンバー全体の印象が悪い」というのまであります。それもそうでしょう。マイナンバーなどと親しみやすい名称でも、これは、かつて何度も反対に遭って頓挫した「国民総背番号制度」の焼き直しの色合いが濃いからです。今回政府は法案審議過程で、他の先進国では、すでに共通番号制度が導入されているという印象操作まで行いましたが大嘘でした。米国では税と社会保障に限定した選択制ですし、英国は06年に任意加入でスタートしたものの、プライバシー侵害の悪法として、政権交代で廃止しています。

ドイツやイタリアでも税務識別だけの番号です。

日本だけが、預金口座とのリンク予定や、さまざまな個人情報と紐づける意図が濃厚に映ります。表向きは、行政サービスの向上を謳うものの、将来の財政破綻に備えた「預金封鎖」や「資産課税」の下準備という疑念を抱かせるに十分だからです。

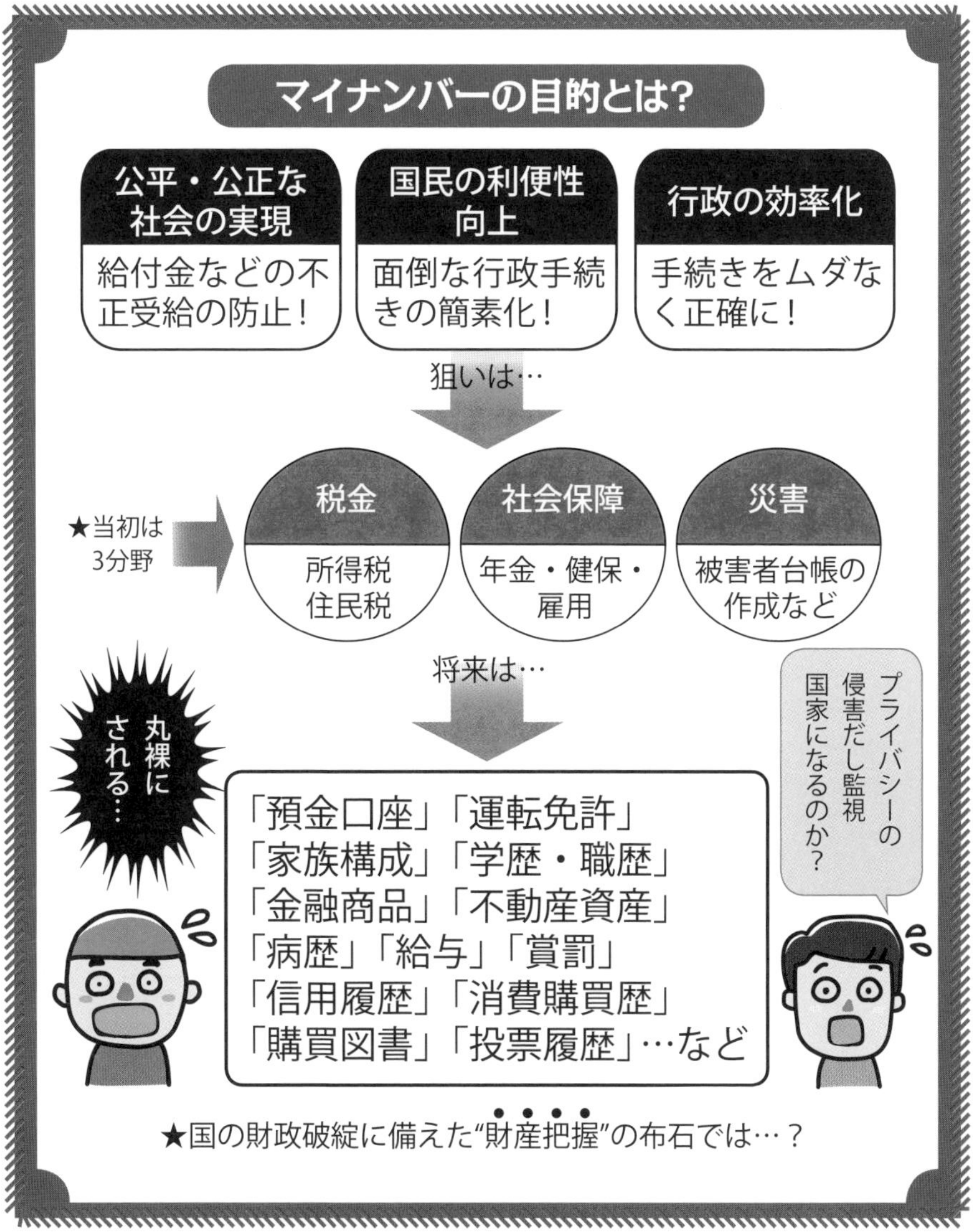
マイナンバーの目的とは?
公平・公正な社会の実現
給付金などの不正受給の防止!
国民の利便性向上
面倒な行政手続きの簡素化!
行政の効率化
手続きをムダなく正確に!
狙いは…
★当初は3分野
税金
所得税
住民税
社会保障
年金・健保・雇用
災害
被害者台帳の作成など
将来は…
丸裸にされる…
プライバシーの侵害だし監視国家になるのか?
「預金口座」「運転免許」
「家族構成」「学歴・職歴」
「金融商品」「不動産資産」
「病歴」「給与」「賞罰」
「信用履歴」「消費購買歴」
「購買図書」「投票履歴」…など
★国の財政破綻に備えた"財産把握"の布石では…?

経済とお金豆知識

Mカード普及のため、政府は「マイナポイント」なるポイント還元策を始めました。キャッシュレス決済手段を決め、買い物などをすると最大5千円付与されます。

②「サンクコスト」の呪縛が大損害を招く！

「サンクコスト」とは、「埋没費用」のことです。これまでにかかった「投資額」や「時間」、「労力」などを意味し、その費やしたコストに縛られるので、「サンクコスト効果」と称されます。

かつて英仏共同開発の超音速旅客機コンコルドはその開発中、就航させても騒音問題や燃費が悪く運航コストに見合わないと判明します。しかし、これまでの開発に費やしたコストを惜しみ、開発を中止できませんでした。就航後に墜落事故まで起こした挙句に退役しますが、これにちなんで「コンコルド効果」とも呼ばれています。

こうした現象は、あらゆる場面で見られます。

企業では、昔からの赤字事業をなかなかやめられなかったり、キャバ嬢に夢中になって散財を続けたり、宝くじを買うのをやめられなくなったりするのです。今止めると、これまで費やしたすべてが水泡に帰してしまうと恐れ、むしろその成就を願ってさらにコストをかけ続けるのです。何かの受験を何年も繰り返す人達も例にもれません。

その結果として、途方もない損失を招きます。**「ただちに損切りで中止」という正解が選べなくなってしまう人間心理の恐ろしさといえます。**

東京五輪開催招致のため、放射能汚染水が増え続ける福島原発を「アンダーコントロール」とアピールし「8月の東京はアスリートに理想的な気候」とも称しました。大会直接経費は7千億円台のコンパクト五輪で税金を使わないはずが、いつの間にか総予算3兆円台となり、延期で4兆円台にも膨張した東京五輪ゆえ、コロナの感染症拡大でも中止できなくなったのも無理ないのでしょう。

原爆を落とされるまで戦争を止められず、一億玉砕の本土決戦を叫んだ昔の日本と同じ構図です。

サンクコスト効果の事例

赤字事業	キャバクラ通い	東大受験
今まで1億円も投じてきた。今止めたら苦労が水の泡だ	もうちょっとで、あの娘が口説ける。もっと通おう!	今まで7年も浪人してきた。今さら他の大学なんか…
修　理	**東京五輪**	**行　列**
今まで新品に買い換えられる金額を修理に費やしてきた	巨額費用で準備してきた! 今さら中止にはできない!	すでに長時間並んだので列から離れられない!

ひゃー
いろいろあるぞ!

サンクコスト(埋没費用)とは?

- すでに支払った回収できない費用
- サンクコストが大きければ大きいほど呪縛されてしまう

もったいない
精神の悲劇だ!

将来の意思決定にサンクコストは考慮せず、今後の「損益」だけを考えることが合理的判断!

経済とお金豆知識

不要な洋服の処分がままならない人も、サンクコストに呪縛されています。せっかく買ったんだし、また着る機会があるかも、などと思うと、もったいなくて、捨てられないと思うからです。

3 「ベーシック・インカム（BI）」とはどういうものか？

BIとは、最低所得補償制度のことです。

国民に対し、政府が所有財産や収入などの区別なく無条件で毎月一定額の現金を配る仕組みです。

一部の国では、地域や人を限定して実証実験（フィンランド、カナダ、オランダ）を行ったことがあるものの、その効果や影響度については未だ判然とせず、本格導入した国はないのです。

この制度の導入が議論されるようになったのは、グローバリズムによる格差拡大や、AIの普及でオートメーション化がすすみ、将来職を奪われる人々が増加するといった懸念が背景にあります。

また、社会保障費（年金・医療・介護・生活保護）の増大に歯止めをかけたい狙いもあるのです。

何しろ、**ベーシック・インカムの導入条件としては、これらの費用がカットされるだけでなく、付随する膨大な人件費などのコスト削減にもつながるからです。**公務員も削減できるでしょう。

BIの支給額の議論で多いのは、大体月に一人当たり5〜8万円です。生活保護の単身世帯への生活扶助（住宅扶助等除く）平均支給額が大体6万8千円弱ゆえ、この辺が相場とされます。

家族4人なら、毎月20〜32万円になります。子供を沢山産めば収入が増えるので、有効な少子化対策になると指摘する人もいます。

しかし、毎月5〜8万円をざっくり1億2千万人の国民に配れば、年間72兆円から115兆円です。国家予算の106兆円規模に匹敵する巨額になります（うち社会保障費は36兆円）。

結局、富裕層から貧困層まで一律支給には無理があるのです。2020年12月時点の生活保護受給世帯は約164万世帯（うち高齢者世帯が55・3％）で予算は4・2兆円に収まっています。

ベーシック・インカムに賛成する人
年金も健保も介護も生保もぜ～んぶなくし自助努力の社会にすれば今より豊かな生活が送れるぞ
今の社会保障制度のままではムダが多すぎ！AI社会になると失業者が増え財政がもたなくなるぞ
でもムリじゃね？
VS
ベーシック・インカムに反対する人
今もらっている生活保護より少ない金額になったら、病気で働けないし病院にも行けなくなる！
会社を定年退職して年金生活なのに、年金をなくすって？ 今まで支払った年金をどうしてくれる？
財政赤字は膨らむばかりだけど…

経済とお金豆知識

2017年から18年にかけて、フィンランドでは2千人を対象にBIの実証実験を行いました。しかし、対象者が2千人で、支給額も月額560ユーロ（約7万5千円）と少なかったので、効果は不透明でした。

4 「プロパンガス料金」はデタラメが多いとは本当か？

驚くべきことに、全国のプロパンガス（LPガス）利用世帯は5割（2400万世帯）にのぼります。そして、都市ガス業者が全国に200社程度あるのに対して、プロパンガス業者は1万8000社もあるのです。ところで、**LPガスの料金が都市ガスよりも高く、しかもデタラメな料金体系が多いのは本当です。**

まず、LPガスの料金は、2017年までの都市ガスのように公共料金（国から許可を受ける総括原価方式）でなくずっと自由料金だったからです。そして、自由料金のため、昔から地域で談合を繰り返し、縄張りを守って営業してきた業者が少なくないのです。LPガスが都市ガスより価格が高いのは、ボンベに充填《じゅうてん》し、人手を使って運ぶためでもありますが、アパートなどの賃貸住宅を建てる大家さんに、LPガスを導入してくれるよう、プレゼント攻勢をかけて営業するからでもあります。

LPガスを導入してくれたら、導配管の工事費用、各室の給湯器費用、エアコン取付などを無料で行うといった営業です。これだけで、ゆうに百万円以上かかるので、建築費用が少しでも浮く大家さんにとっては大きなメリットが生じるのです。

当然ですが、LP業者はこうした費用の回収のため、アパート各室の毎月のLP代に反映させていきます。本来ならば、LPガスは原油価格に連動するはずですが、安くなってももちろん家庭用のLPガス料金には反映されません。

それどころか、悪徳業者は料金を勝手に上げていくため、いつのまにか都市ガスの2～3倍も高くなっていることも少なくないのです。

なお、**輸入卸売りLPガス業者が、小売業者を兼ねている場合は、良心的価格が多いようです。**

プロパンガスの月別利用料金の地域格差

北海道地方9823円	関東地方7312円	中部地方7604円

※10㎥当たりの平均金額

関東地方の悪徳業者との料金比較（税込み）

＜プロパンガス＞

	基本料金	利用料金		合 計
悪徳業者	2200円＋	900円×10㎥	＝	1万1200円
普通業者	1800円＋	300円×10㎥	＝	4800円

＜都市ガス＞

都市ガス	1056円＋	130.46円×20㎥	＝	3665円

※プロパンガスは都市ガスの2倍火力が強い

仁義なき戦いが始まっている！

LP導入なら給油器もエアコンもタダで設置しますよ
顧客の奪い合い！
プロパンガスの料金見直しをしませんか？

経済とお金豆知識

LPガスの仕入れ原価は、輸入元売り会社がコストとマージンを乗せ、1㎥当たり200円ほどで販売します。それを卸売業者がタンクローリーで小売業者に250円程度で販売する形です。

5 年初に「福袋」を買いたがる人が多いのはなぜか？

年初の初売りシーズンの目玉は「福袋」です。百貨店や専門店で繰り広げられる福袋セールの光景は、毎度お馴染みでしょう。

日本人が「福袋」を好むのは、「福袋本体の価格より、福袋の中身の価格が高いから」といった刷り込み効果が働いているゆえの現象です。

心理学でいう「アンカリング効果」です。「中身の価格が、表示されている価格よりかなり高い」という碇《いかり》（アンカー）のように動かない基準があるため、「買えばトクする」と思うのです。

また、数に限りがあるという「限定効果」も、我先に買い急ぐ衝動を起こさせているといえます。

しかし、本当におトクかと言えば、怪しいものです。福袋は、中身を見せずに売るのですから、欲しくもない品物（ゼロ円の価値）をつかまされるリスクも負っています。そのせいか、近年では、中身を見せて売る「福袋」なるものまで登場しています。しかし、これでは、福袋のギャンブル性が薄れ、射幸心を刺激しなくなってしまいます。

ところで、5千円の福袋を買うと、2万円の商品がゲットできたと喜ぶ人がいるわけですが、本当に欲しい商品がひとつも入っていなければ、5千円の価値さえないでしょう。そんなケースはありえない――と思われるかもしれませんが、そもそも福袋の中身は、販売側からすると、在庫処分が多いものです。ゼロ円で廃棄するより、安売りしたほうがトクだから、福袋に詰め込むのです。廃棄するのにも費用がかかるからです。

本当に売れる人気商品なら、中身が見えない状態にする必要もないからです。販売側は品切れによる機会損失を避けるため、常に過剰在庫を抱えます。福袋セールは売る側こそオイシイ商売です。

福袋ファンの心理とは?
トクだから!
中身の価格が高いから損をしない
(アンカリング効果)
自慢したい!
「高額ブランド福袋だよ」とSNS投稿
(ウェブレン効果)
数に限り!
早い者勝ちだぞ~!
(限定効果)
目先の利益!
メルカリやヤフオクで転売して儲けるぞ
(プロスペクト理論)
販売側は機会損失回避のため在庫過剰になりがち
売れ残りは…
バーゲンセール
福 袋
アウトレットモール
リセール
福袋の購入が得か損なのか判断するのはあなた次第です

経済とお金豆知識

福袋の原型は江戸時代に遡ります。日本橋にあった呉服店の越後屋（現在の三越）が、年末に裁《た》ち余りの生地を袋に詰めて、「恵比寿袋」として販売したところ、大評判になったのが由来でした。

6 「個人M&A」が流行している理由とは？

「M&A」といえば、従来は比較的大きな企業同士による合併や買収を意味していました。

ところが近年は、サラリーマンが個人の立場で、M&Aに乗り出すケースさえ増えているのです。

その理由は、意外にも少ない金額で、個人でも事業そのものを買える現実があるからです。

なんと、M&Aマッチングサイトを覗いてみると、買収価額が百数十万円などの小規模事業の激安値から、数百万円、数千万円と幅広く多岐にわたって掲載されているのです。

サラリーマンは、40代や50代になると、近い将来の役職定年による給料減額が視野に入ってきます。また、サラリーマンに留まっていても、いつリストラに遭うかもしれない不安があります。

自分の老後資金にも心配があるため、自分が企業内でこれまで培ってきた力を、現役時代のうちに外部で試してみたい――そんな願望も湧いてくるからでしょう。M&Aに賭けるゆえんなのです。

M&Aの魅力は、ゼロから独立開業するのと違い、黒字事業をそのまま継承できるという魅力があります。そして事業を売り出す側は、後継者不足や高齢化で、自分の事業の継承者を求めているわけです。マッチングがうまくいけば、まことにハッピーな展開となるのです。

M&Aサイトには、物販店、飲食店、アクセサリー工房、不動産業、通販サイト、学習塾、医院、工場など、さまざまな業種が並んでいます。

こうしたM&Aでは、いきなりバトンタッチで事業を引き継ぐよりも、しばらく旧来の経営者に弟子入りする形で修行させてもらうほうが成功率も高いそうです。既存の従業員や取引先との人間関係構築にも、一定の時間がかかるからなのです。

大廃業時代だからこそ「個人M&A」に注目！

日本の法人の99.7％は中小零細企業です。そして雇用労働者の69.4％がこうした企業に勤めています。しかし過去20年で100万件以上の事業者が減ってきたのは、従業員数が20名未満の小規模零細事業者が中心で、このうち半数が個人経営です。小規模零細事業者が減少するのは経営者の健康不安や高齢化です。従業員も高齢化していると事業継承に手を上げる人もいません。経産省の調査では2025年までに70歳に到達する小規模事業経営者は30.6万人、75歳に到達する経営者は6.3万人です。これら経営者の事業継承がうまくいかないと、2025年までに650万人の雇用が奪われ、22兆円のGDPが失われると予測されています。すなわち日本は大廃業時代を迎えているのです！

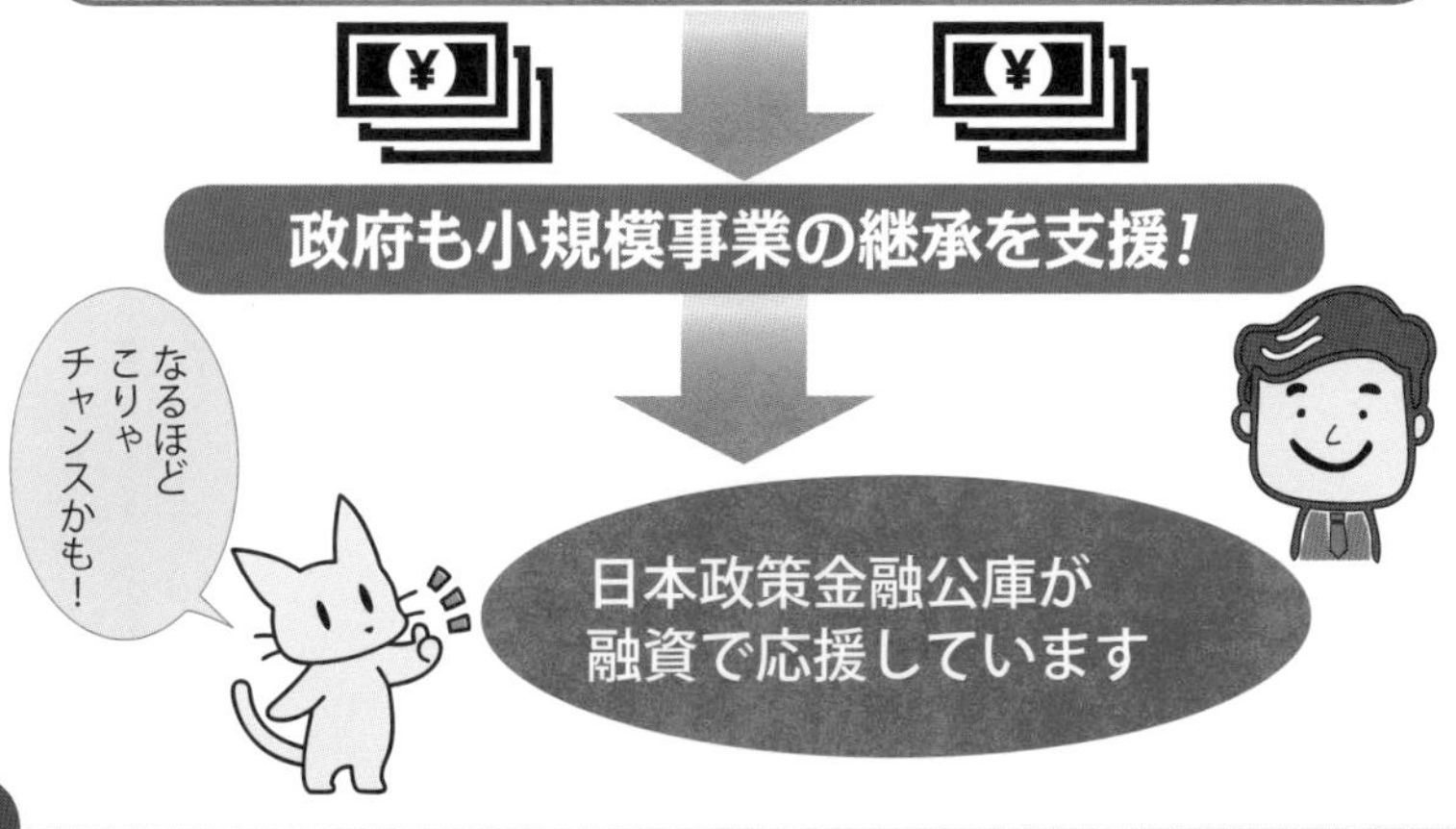
¥
¥
政府も小規模事業の継承を支援！
なるほど
こりゃ
チャンスかも！
日本政策金融公庫が
融資で応援しています

経済とお金豆知識

M&Aに欠かせないのが、デューデリジェンスといわれます。リスク評価のことで、借入金の有無、買掛金、売掛金などを詳細にチェックして、法務面や労務面においても問題ないかを調べます。

7 「税金は貧しい人から取ればよい」という政策の真実

所得が多い個人や企業になるほど、税金を払わないのが現状です。税制には抜け道が多いからです。**所得税は累進課税のはずが、「損益通算」の仕組みで「節税」や「脱税」が横行し、配当所得では、たった15%で、住民税合計でも約20%です。また大企業ほど優遇措置の恩典が多く税率が低くなります。**大票田の宗教法人も「宗教行為」の範疇に潜り込ませて営利事業の収益さえ脱税し放題です（営利の税率も低い）。

これは、ピケティが指摘の通り、政治と密接な関係があります。「政治献金」で政治家は懐を温めることに熱心で、金持ちや大企業有利な政策に走るからです。かつて政党助成金を導入する際、企業や団体からの政治献金は禁止する方向でしたが（個人献金も企業・団体の偽装が多い）、こちらもどこ吹く風です。利権の口利きで忙しくなるゆえんで、時々下手を打って汚職で捕まります。

税収の減る分は、国民に広く網をかける消費税率を上げればよい――という論理が支配します。「国民のために働く内閣」などと、当たり前すぎるスローガンを打ち出した世襲出身でない珍しいリーダーも出ました。しかし、許認可絡みの安定企業などへ、身内の就職斡旋が問題となりました。残念ながら、**結局、私利私欲で一族郎党の繁栄のみしか考えていないからでしょう。**新型コロナの感染拡大時でも、業界団体の長を兼ねる与党大物政治家は、２兆７０００億円もの予算を組んで、「ＧＯ ＴＯキャンペーン」を実施してあげました。わずか数百万円の業界からの政治献金が、巨額のキックバックにつながります。

選挙の時に「キレイ事」を言っているだけで国民は騙されてしまうのです。

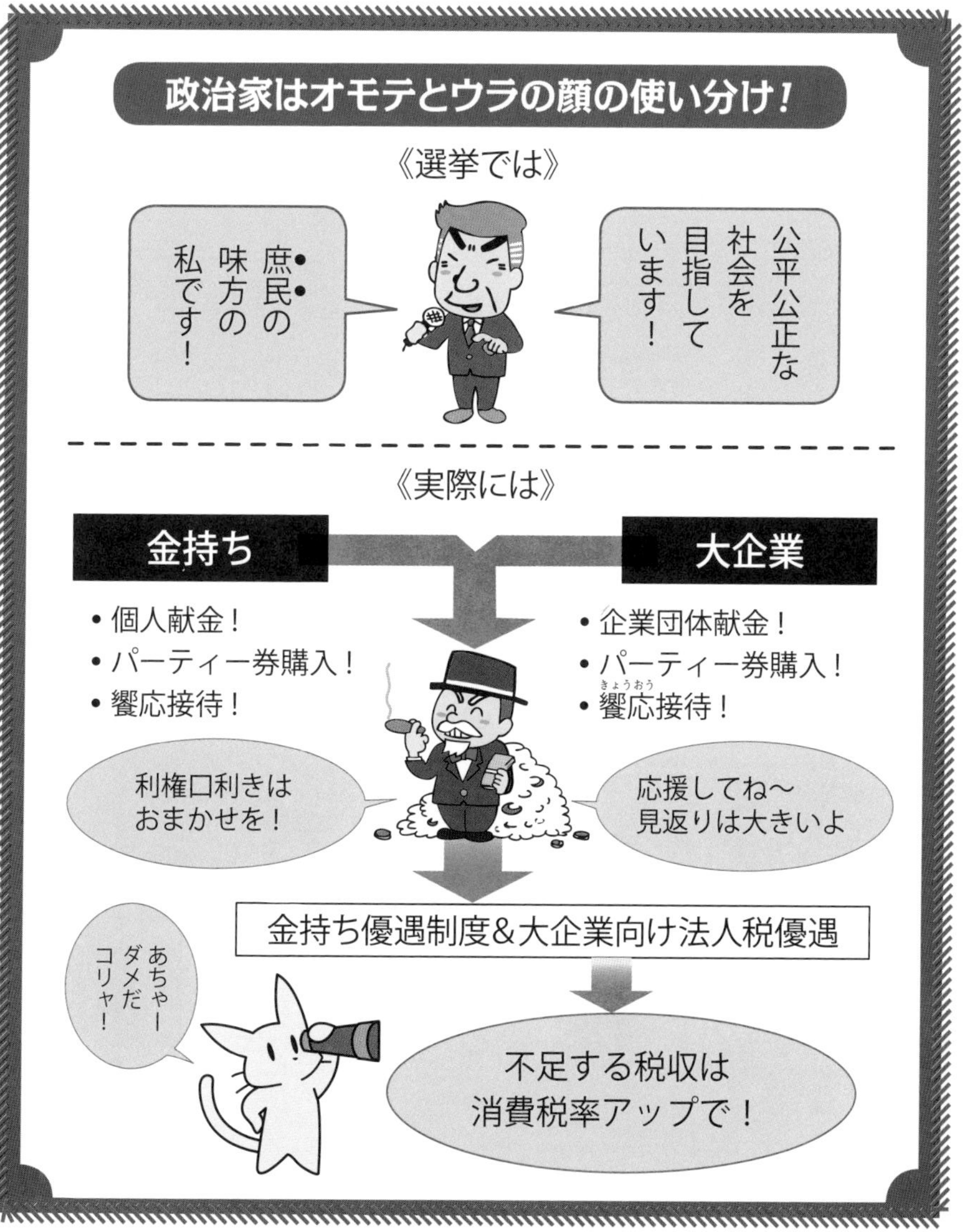
政治家はオモテとウラの顔の使い分け！
《選挙では》
庶民の味方の私です！
公平公正な社会を目指しています！
《実際には》
金持ち
大企業
・個人献金！
・パーティー券購入！
・饗応接待！
・企業団体献金！
・パーティー券購入！
・饗応《きょうおう》接待！
利権口利きはおまかせを！
応援してね～
見返りは大きいよ
金持ち優遇制度&大企業向け法人税優遇
あちゃーダメだコリャ！
不足する税収は
消費税率アップで！

経済とお金豆知識

「社会的手抜き」として知られるのが「リンゲルマン効果」や「フリーライダー現象」です。政治家も数が多いほど、「誰かがやるだろう」といった怠惰や無責任の心情に支配され、公約も忘れます。

8 街角の「タバコ屋」や「不動産屋」が潰れない理由

「潰れそう」に見えて長く生き残っているのが街角の「タバコ屋」や「不動産屋」でしょう。

喫煙者減少でタバコ店が生き残れるのは財務省によるタバコ価格の漸進《ぜんしん》的値上げ戦略で、売上が保たれるおかげです。また タバコ小売マージンは10％と少なくても、多くのタバコ店が年商1千万円未満ゆえ消費税非課税となり粗利18％です。

そのうえ専売免許制の地域特権があり、飲食店やマンガ喫茶、浴場施設、映画館、宿泊施設などから要請され設置する自販機（電気代は施設負担）の売上は丸々入ります。一台の日商が1万円で20台設置なら粗利10％でも月60万円にもなるのです。タバコ販売は「手売り」が原則で、シャッター半閉じでも店は開いておく必要がありますが、隠居高齢者の店番でも事足ります。タバコ店が潰れないのは、こんな理由のおかげです。

町の不動産屋が、お客も来ずガラガラでも潰れないのはネット検索が主流なのと、「物件管理」という名のお金が入る仕組みを構築したからです。

今やアパートやマンション家主の8割が、不動産屋に「物件管理」を委託します。自主管理の物件だと、差別的に募集してくれないため、「放置」されるのを覚悟で家主は「管理物件」として預け、毎月家賃の5％をピンハネされるのです。

もちろん、巡回見回りも清掃も行わない「名ばかり管理」ゆえ、放っておけば物件は荒れ放題です。

不動産屋は入居者からクレームがあった時だけ電話対応し、修繕や退去リフォームでは、業者からの請求額の2～3倍の料金を家主に請求します。

また、入居者募集の際には広告料と称し、家主からも手数料を取り、更新料も徴収します。「管理物件」を増やせば増やすほど潰れなくなります。

潰れそうでも潰れないのは…？

《タバコ屋》

専売地域の
自販機収入！

財務省のタバコ代が
漸進的値上げ
（売上減らない）

隠居高齢者の
店番！

年商1千万未満
なので消費税
非課税！

《不動産屋》

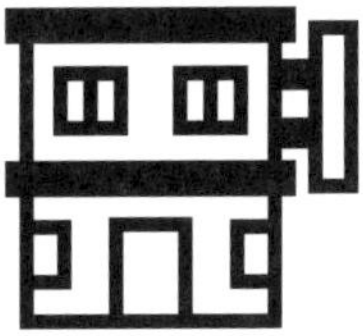

入居仲介広告料
（家賃の1～2カ月分を
家主から徴収）

「名ばかり管理」で
ラクチン収入！
- 家賃10万円×5%
＝5000円
- 5000円×100件
＝50万円
- 5000円×300件
＝150万円

更新手数料
（家賃1カ月分）

修繕リフォーム代は
2～3倍にして家主に
請求

入居者の
初期費用アップ！
- 仲介手数料
- 火災保険手数料
- カギ交換代など

経済とお金豆知識

宅建業法では賃貸仲介手数料は、家賃の１カ月分＋消費税と定められています（借主・貸主双方の合計額）。借主から１カ月分の手数料を取り、貸主からも広告料名目の金銭受領は違法です。

9 価格の変動は消費行動にどんな影響を及ぼすのか？

商品は、価格変動で需要や供給が変化します（価格弾力性）。300円の商品を10％値上げしたら、60個売れていたのが、5％減少し57個しか売れなくなった場合は、「0・05÷0・1＝0・5」と表し、基準値1を下回るので価格弾力性が小さく、消費への影響は少ないとみます。「認知バイアス」を利用した価格表示もあります。イチキュッパ（1980円）などの「端数効果」はよく知られ、2千円台より1千円台にすることで「安い」と感じさせます。お寿司屋さんの「松竹梅」の3つの価格設定も有名です。前述のように「松」は高いし期待外れかもと敬遠させ、「梅」はチープすぎると思わせ、無難な中間の「竹」を一番多く売る戦略です。また、**冷凍食品の半額セールは「アンカリング効果」です。**通常価格を長く刷り込み、たまに半額表示で売上を大幅に伸ばします。

紳士服チェーンでおなじみの「2着目千円セール」もうまい仕掛けです。1着だけを1万5千円などの激安価格で売るよりも、1着目を3万円にして2着目は千円なら、2着合計で3万1千円の売上になるからです。仕入れ値が5千円のスーツなら、激安価格で売るより粗利がアップします。**近年はDP（ダイナミック・プライシング）と呼ばれる「変動料金制」が増えました。**以前は、ホテルなどの宿泊業や航空チケットなどに限られたのが、家電量販店では「電子値札」によって価格表示が瞬時に変更できるようになっています。

変動料金はJリーグやプロ野球、テーマパークやコンサートチケットなどでも導入されています。

従来は熟練したプロによる変動価格表示だったものが、AIを活用して価格の「最適解」が出せるようになってきたことも大きな理由なのです。

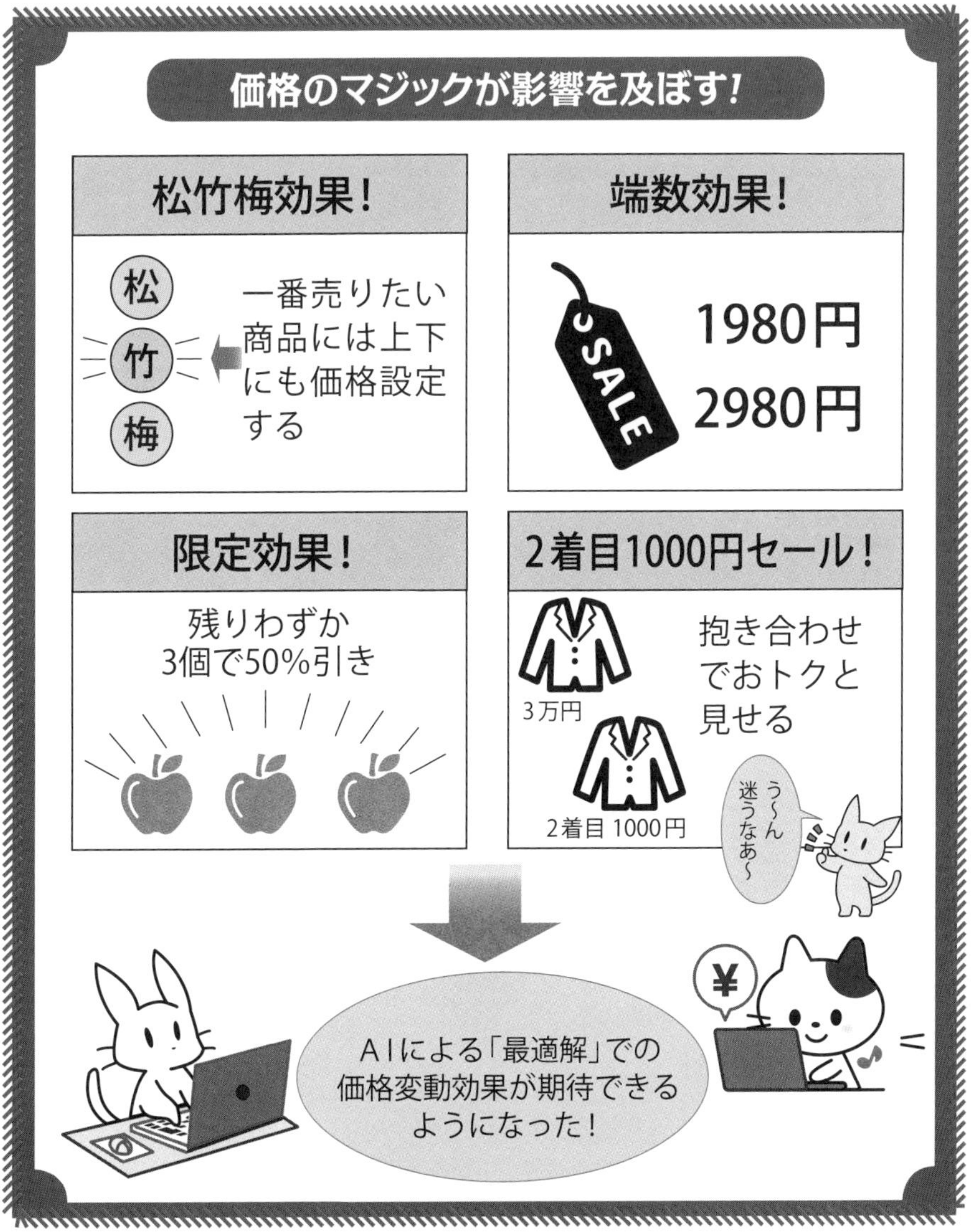
価格のマジックが影響を及ぼす!
松竹梅効果!
松
竹
梅
一番売りたい商品には上下にも価格設定する
端数効果!
SALE
1980円
2980円
限定効果!
残りわずか
3個で50%引き
2着目1000円セール!
3万円
2着目 1000円
抱き合わせでおトクと見せる
う〜ん 迷うなあ〜
¥
AIによる「最適解」での価格変動効果が期待できるようになった!

経済とお金豆知識

過度な安売り競争は消耗戦になります。価格以外の力を高めて勝負することが、継続的な顧客の支持につながります。価格で惹きつけたお客は、価格で逃げていくからです。価格設定は難しいのです。

⑩ なぜサブスクが急増しているのか？

サブスク（サブスクリプション）とは「定額制」のことです。一定期間において定まった料金を払えば、おトクなサービスが受けられます。

携帯電話の定額制はすでにお馴染みですが、モノの所有から、シェアリングエコノミーの流れに乗り、今やさまざまな商品やサービスに及びます。

動画配信のネットフリックスは、コロナ禍の巣ごもり需要で爆発的に会員数を伸ばしました。

音楽配信では、6000万曲聴き放題のアップルミュージックや5000万曲のスポティファイ、6500万曲のアマゾンミュージックなどが有名ですが、いずれも月額980円です。雑誌450誌以上が月額400円で読み放題のdマガジンや月額380円の楽天マガジンもあるでしょう。

モノの分野でもサブスクは人気です。高級ブランドバッグを月額6800円でレンタルできるラクサスや、洋服のサブスクでは、月額5800円で自社製新品服を3点まで借り放題のメチャカリや、月額6800円で3着の服を届けるエアークローゼットも人気です。驚きなのは、2019年にトヨタが始めた「KINT」というサブスクです。車が売れなくなると危惧されたのに、ランクルが月額約9万円から、プリウスが月額約5万円から利用でき、保険や保守料金も込みなのです。

最近では、ラーメン店でも見受けます。3種のラーメンから選んで、毎日一杯食べられるサブスクは、10日間通えば月額料金の元が取れます。

サブスクのメリットは「お客の囲い込み」です。

一定の会員数になれば赤字の額も抑えられ、黒字化できます。肝心なのは、どれだけ魅力的な商品やサービスを継続提供できるかです。顧客への“餌《え》付《づ》け”ゆえに飽きられたら終わりだからです。

サブスク ＝ 定額制

一定期間のおトクなサービスが受けられる

サブスクは一定数の会員を常に維持していると安定した収入を得るというメリットがある一方、会員数が減ると赤字に転じでしまうデメリットなどがあります！

サブスクのメリットとデメリットとは？

メリット

- 強烈におトク感をアピールできる
- お客の「囲い込み」ができる
- 行列ができると繁盛店アピールができる（PR効果）

わっー
スゲー
おトクだ！

デメリット

- 商品やサービスに魅力がないと飽きられる
- 一定の会員数確保ができないと赤字が膨らむ
- 赤字が続き途中でやめるとイメージダウンが大きい

あんまり
利用しない
から無駄だな

2020年代に入ると、「新車サブスク」「音楽サブスク」というように「サブスク」が提供企業側のサービス名称につけられるようになりました！

経済とお金豆知識

自社製造品のサブスクは、粗利益分が確保できていますので、会員数が増えるにしたがって、黒字化が見えやすいものです。しかし、仕入れ製品でのサブスクでは、黒字化が一層難しくなります。

経済とお金　今日から役立つちょっといい話⑤

アベノミクスの大失敗により「日本経済の破綻」が近づいた！

2012年末からの第2次安倍政権では、アベノミクスを高らかに謳い上げ、日本銀行による大規模な異次元金融緩和を行ってきました。この政策は、デフレ脱却を目指し、「大胆な金融政策」「機動的な財政政策」「民間投資を喚起する成長戦略」の3本の矢を標榜しました。しかし、目立つのは「大胆な金融政策」だけで、公共事業は民間の人手不足や資材不足に拍車をかけ、賃金も増えない中、消費増税と円安による輸入食品の値上がりで国民の購買力は低下します。

人口増加が一番の成長戦略のはずが、国民の将来不安だけが増し、結局「前年比2％の物価上昇」は果たせずに政権は投げ出されました。もともとこの異次元緩和政策は、「景気がよくなれば物価が上がる」のセオリーのアベコベ版で、「物価が上がれば景気がよくなる」を地で行くものです。犬の尻尾を振り回せば犬が喜ぶ――といった不自然さです。日銀に大規模緩和やゼロ金利まで行わせ、ついに出口がなくなりました。いつ財政破綻してもおかしくない状態に近づけたからです。

日銀は市中の国債を年間80兆円ペースで買い入れ、通貨供給量（マネタリー

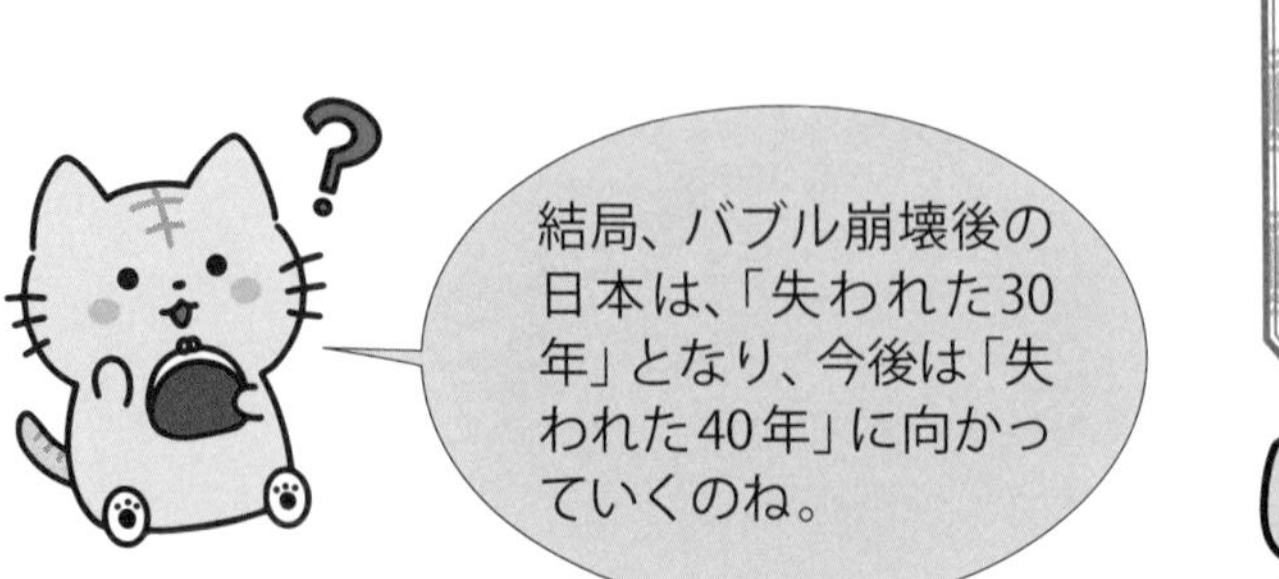
結局、バブル崩壊後の日本は、「失われた30年」となり、今後は「失われた40年」に向かっていくのね。

ベース）を増やし金利を下げましたが、世の中に出回るお金の総量（マネーストック）は増えませんでした。人口減少や賃金下落で需要不足だからです。日銀はGDPの8割もの400兆円以上の国債保有です。これで80円台の円高は110～120円までの円安になり、輸出企業は潤います。

しかし、数量ベースで増えたわけでなく、円換算での輸出高と品目高になっただけで、人件費も上げず内部留保だけを積み上げたのです（20年10月475兆円超）。株価を上げるため、日銀はETF（上場投信）も買い入れ、年金資金（GPIF）は半分を株式購入に投入（外国株と日本株が各25％）、株式市場は官製のインチキ相場となっています。日銀が買い入れをやめると株も国債価格も暴落するでしょう。長期金利の上昇は国債を償還不能に陥らせ、超円安になった日本には、ハイパーインフレが襲来するはずです。

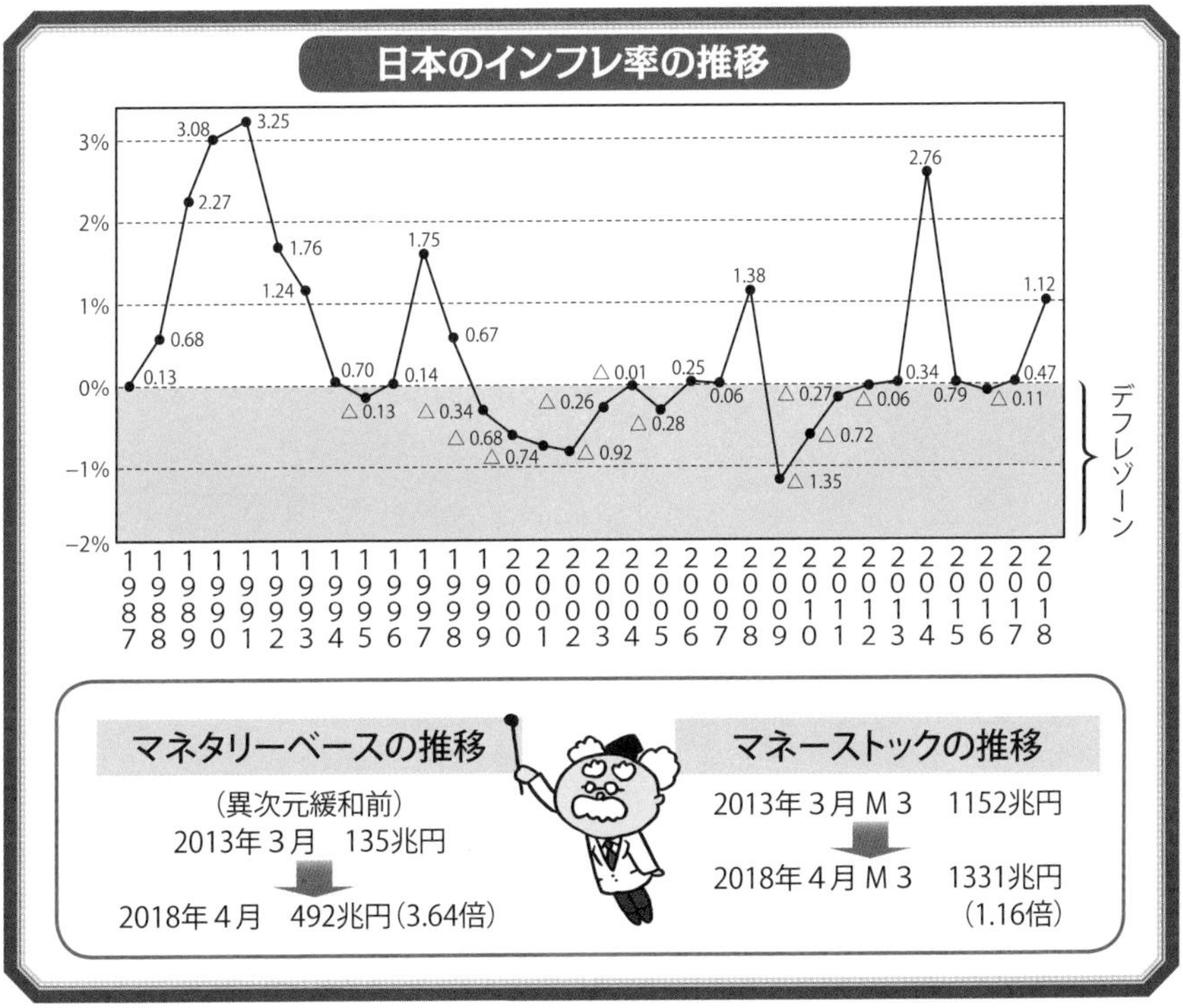
日本のインフレ率の推移
3%
2%
1%
0%
−1%
−2%
0.13
0.68
2.27
3.08
3.25
1.76
1.24
0.70
△0.13
0.14
1.75
△0.34
0.67
△0.68
△0.74
△0.92
△0.26
△0.01
△0.28
0.25
0.06
1.38
△1.35
△0.72
△0.27
△0.06
0.34
2.76
0.79
△0.11
0.47
1.12
デフレゾーン
1987 1988 1989 1990 1991 1992 1993 1994 1995 1996 1997 1998 1999 2000 2001 2002 2003 2004 2005 2006 2007 2008 2009 2010 2011 2012 2013 2014 2015 2016 2017 2018
マネタリーベースの推移
（異次元緩和前）
2013年３月　135兆円
2018年４月　492兆円（3.64倍）
マネーストックの推移
2013年３月Ｍ３　1152兆円
2018年４月Ｍ３　1331兆円
（1.16倍）

Column⑤

人口減少の日本の未来を展望しておこう!

少子高齢化とともに人口減少がすすむ日本です。2020年にはすでに日本女性の過半数が50歳以上となりました。では、これからの日本はどうなるのか。各種データから、ここで未来を展望しておきましょう。

2024年…団塊世代が全員75歳以上の後期高齢者に。
2026年…認知症患者が700万人規模に拡大。
2030年…全国都道府県の80%が生産年齢人口不足に。
2033年…空き家が激増し、3戸に1戸は誰も住まない。
2035年…男性3人中1人、女性5人中1人生涯未婚。
2040年…全国自治体の半数が「消滅の危機」に陥る。
2042年…高齢者人口が4000万人のピークを迎える。
2045年…東京都民の3人に1人が65歳以上高齢者。
2053年…総人口が1億人を割り込み、9924万人に。
2055年…日本人4人に1人が75歳以上の後期高齢者。
2059年…日本人5人に1人が80歳以上で若者激減。
2100年…人口6000万人に。警察・消防の人員不足。

参考文献

『眠れなくなるほど面白い 図解 経済の話』（神樹兵輔著／日本文芸社）
『図解 経済の常識 今さら人に聞けない経済のしくみがよくわかる』（神樹兵輔著／日本文芸社）
『知っておきたいお金の常識－人生を180度変えるお金のルール』（神樹兵輔著／日本文芸社）
『面白いほどよくわかる最新経済のしくみ』（神樹兵輔著／日本文芸社）
『面白いほどよくわかる世界経済 日本を取り巻く世界経済の現状とその問題点』（神樹兵輔著／日本文芸社）
『経済のカラクリ－知らないと損をする53の"真実"』（神樹兵輔著／祥伝社）
『老後に5000万円が残るお金の話「人生の3大無駄使い」をやめるだけ』（神樹兵輔著／ワニブックス）
『40代から知っておきたい お金の分かれ道』（神樹兵輔著／フォレスト出版）
『見るだけでわかる ピケティ超図解「21世紀の資本」完全マスター』（神樹兵輔著／フォレスト出版）
『知らないとソンする！ 価格と儲けのカラクリ』（神樹兵輔著／高橋書店）
『知られたくない裏事情「不都合な真実」～世の中の仕組み＆カラクリ』（神樹兵輔著／ぱる出版）
『ポケット図解 日本経済のポイントとしくみがよ～くわかる本』（神樹兵輔著／秀和システム）
『経済ニュースの今が30秒でわかる 最新 日本経済キーワード』（神樹兵輔著／高橋書店）
『自分に合った資産運用 投資術』（神樹兵輔著／西東社）
『サラリーマンのための安心不動産投資術』（神樹兵輔著／秀和システム）
『衝撃の真実100』（神岡真司著／ワニブックス）
『未解明の不思議』（神岡真司著／ワニブックス）
『効きすぎて中毒になる最強の心理学』（神岡真司著／すばる舎）
『マイナンバーで損する人、得する人』（大村大次郎著／ビジネス社）
『貧困からの大脱出 ディートンの経済理論』（大谷清文編／徳間書店）
『ゼロからはじめる！ お金のしくみ見るだけノート』（伊藤亮太監修／宝島社）
WEBサイト
財務省・総務省・AP通信・共同通信 他

•カバーデザイン／ BOOLAB.
•本文DTP／松下隆治
•編集協力／オフィス・スリー・ハーツ
株式会社 春橙社

▽あとがき　アフターコロナの時代に備えよう！

最後まで、お付き合い下さり、ありがとうございました。
新しい発見による「覚醒の快感」は得られましたでしょうか。
きっと、お読みいただく前よりは、達観の境地がより深まったのではないかと、想像する次第です。

２０１９年末からはじまった新型コロナウィルスの感染拡大は、瞬《またた》くうちに世界を混乱の極致へと落とし込んでいきました。

感染防止の方法一つとっても、各国の国柄が浮き彫りになりました。
権威主義体制と民主主義体制の違い、リーダーの見識、国民の協力度合い、ＩＴ技術の優劣、情報の透明性、ワクチン接種の限界性、デマの拡散度合い——などなど、生まれた国や人生、家族といった事柄をしみじみ考えさせられる出来事が続いています。

いまだ終わりの見えないパンデミックには、人々の深い溜息が聞こえてきます。

アフターコロナははたして訪れるのか。

永遠にウィズコロナの時代になってしまうのか。

今後の展望が見いだせない——という難しい時代になったことだけは、たしかなのです。


本書では、さまざまなテーマを取り扱いましたが、未来を展望していただく際のいくつか参考になるポイントも提示したつもりです。

これからの時代、「共助」も「公助」も当てにならず、「自助」のみが頼りとされる時代であることは間違いない——という確信を得られた方も多いかと思います。

ぜひ、今後の人生ステージで、本書の知見も活用していただけたなら、うれしい限りです。また、お目にかかることを楽しみにしております。

著者

【著者プロフィール】

神樹兵輔（かみき・へいすけ）

投資コンサルタント＆エコノミスト。

富裕層向けに「海外投資・懇話会」主宰、金融・為替・不動産投資情報を提供している。著書に『眠れなくなるほど面白い 図解 経済の話』『面白いほどよくわかる最新経済のしくみ』『面白いほどよくわかる世界経済』『現場で使えるコトラー理論』『知っておきたいお金の常識』『図解 景気のカラクリ＆金融のしくみ』『図解 経済の常識』『金儲けの投資学』（小社刊）、『悪の経済学』（ＫＫベストセラーズ）、『自分に合った資産運用・投資術』（西東社）、『サラリーマンのための安心不動産投資術』（秀和システム）、『20代で資産をつくる本』（廣済堂出版）、『経済のカラクリ－知らないと損をする53の〝真実〟』（祥伝社）など多数。

メールアドレス kamiki0255@yahoo.co.jp

眠《なむ》れなくなるほど面白《おもしろ》い

図解《ずかい》 経済《けいざい》とお金《かね》の話《はなし》

2021年10月10日　第1刷発行

2024年 7 月10日　第9刷発行

著　者

神樹兵輔

発行者

竹村響

印刷所

株式会社光邦

製本所

株式会社光邦

発行所

株式会社日本文芸社

〒100-0003 東京都千代田区一ツ橋1-1-1 パレスサイドビル8F

＊

ISBN978-4-537-21931-9

112210927-112240627 Ⓝ09（300053）

編集担当・坂